사회통합프로그램(KIIP)

사회의 이해

◆ · · · ◆ 기초 1 ◆ · · · ◆

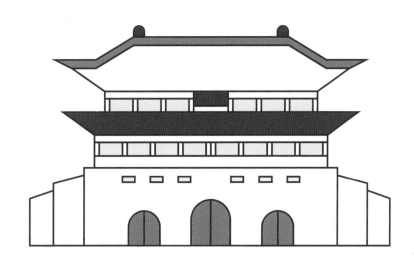

기획 법무부 출입국·외국인정책본부

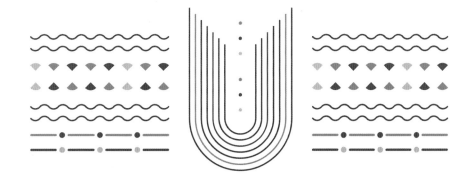

박영story

발간사

우리나라는 6·25전쟁 이후 한동안 전쟁과 높은 실업률, 지정학적 리스크 등으로 인해 다른 나라로 이주를 가던 나라였으나, 1970년대부터 '한강의 기적'으로 불릴 만큼 단기간에 비약적인 경제성장을 이루게 되면서 어느덧 세계 10대 경제대국의 반열에 이르게 되었고, 이제는 많은 사람들이 이민을 오는 나라가 되어, 현재 국내 체류외국인이 250만 명을 넘어서고 있습니다.

더욱이 저출산·고령사회로 급속하게 진입하면서 지난해 우리나라의 합계출산율은 0.72명에 그쳐 역대 최저치를 기록하는 등 저출산과 고령화로 인한 인구문제, 생산동력 상실, 국가소멸의 위기 상황에 직면하게 되면서 이민정책의 획기적인 전환이 필요한 시점이 되었습니다.

그간 법무부는 이민정책을 총괄하는 부처로서 우리나라에 정착한 외국인이 우리 사회의 구성원으로서 적응·자립할 수 있도록 지원하고, 국민과 서로 상생하며 공존할 수 있도록 하는 것이 무엇보다 중요하다고 생각하여 '체계적인 이민통합 정책'을 추진해 왔습니다.

특히, 2009년부터 시작된 '사회통합프로그램'은 한국어, 한국문화, 한국사회 이해 교육을 통해 이민자가 갖추어야 할 필수적인 기본소양을 체계적으로 함양할 수 있도록 함으로써 사회통합 교육의 가장 핵심적인 역할을 수행해 왔습니다.

시행 첫해인 2009년에 1,331명이 '사회통합프로그램'에 참여하였으며, 코로나로
인해 잠시 주춤했던 시기를 제외하면 매년 증가하다가 엔데믹을 선언한 지난
해에는 58,028명이 참여하여 역대 최다 인원을 기록하기도 하였습니다. 이러한
추세에 비추어 볼 때 외국인 근로자, 유학생, 재외동포 등 참여대상이 확대되고 있는
점을 감안한다면 교육수요는 계속 증가할 것으로 예상됩니다.

이러한 시기에 새롭게 발간되는 사회통합프로그램 교재와 교사용 지도서는 더욱
중요한 의미가 있으며, 이민자들이 이러한 교재들을 널리 활용하여 한국사회에
대한 이해를 높이고, 더욱더 우리나라에 잘 적응할 수 있는 마중물이 되었으면 하는
바람입니다.

끝으로 교재 발간에 도움을 주신 경인교육대학교 설규주 교수님을 비롯한 산학협력단
연구진과 출판에 도움을 주신 피와이메이트 노현 대표님 등 관계자 분들께
감사드리며, 앞으로도 법무부는 이민자의 안정적인 정착 지원과 사회통합을 위해
노력하겠습니다.

법무부 출입국·외국인정책본부장
이 재 유

일러두기

『한국사회 이해(기초)』는 사회통합프로그램에 참여하는 다양한 유형의 학습자가 한국 사회에 대한 기초적인 이해를 바탕으로 한국 사회에서 안정적으로 정착하고 능동적으로 일상생활을 할 수 있도록 지원하기 위한 목적으로 만들어진 교재이다.

이 교재는 한국 사회 이모저모, 한국의 문화와 교육, 한국의 전통과 역사의 총 3개 영역으로 구분되어 있으며, 사회통합프로그램 '한국어와 한국문화' 과정과 연계하여 총 15개 차시(대단원 정리 포함)로 구성되어 있다.

각 단원은 아래와 같이 '도입 이미지 및 질문-학습목표-본문-알아두면 좋아요-내용 정리하기-함께 이야기 나누기'의 순으로 구성되어 있다. 각 영역의 마지막에는 학습한 내용을 밀도 있게 정리할 수 있도록 '대단원 내용 정리-스스로 해결하기-스스로 탐구하기-스스로 평가하기-화보'를 제시하였다. 이를 통해 학습자가 한국 사회에 관한 기초적인 내용에 대해 체계적이면서도 쉽게 접근할 수 있도록 하였다.

구성과 특징

도입 이미지 및 질문

학습자의 관심과 흥미를 높이기 위해 각 단원과 관련된 사진이나 삽화를 도입 부분에 제시하였다. 질문은 학습자의 일상생활 경험을 바탕으로 답할 수 있는 것으로 구성되었다.

학습목표

이 단원을 배우고 나면 학습자가 무엇을 할 수 있는지를 제시하는 문장으로 이루어져 있다. 학습목표는 단원별 소주제 수에 맞추어 2개로 구분되어 있다.

본문

각 단원에서 다루고자 하는 주제의 내용을 담고 있는 부분이다. 학습자의 이해를 돕기 위해 본문 내용과 관련된 삽화, 사진, 도표 등 시각 자료가 활용되었다.

알아두면 좋아요

각 주제와 관련된 내용으로 학습자가 한국에서 생활하는데 도움을 줄 수 있는 내용이나 유용한 정보 중심으로 구성하였다.

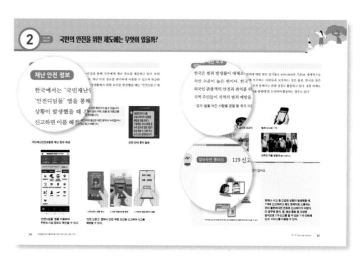

본문 용어 해설

교재 본문에 서술된 내용 중 추가 설명이나 자세한 안내 등 해설이 필요한 용어를 정리하였다.

일러두기

구성과 특징

내용 정리하기
본문에서 다룬 핵심 내용을 정리할 수 있도록 구성하였다. 관련 있는 내용 연결하기, OX 퀴즈, 빈칸 채우기 문제를 통해 학습자 스스로 점검이 가능하도록 하였다.

함께 이야기 나누기
단원과 관련된 소재를 통해 교사와 학습자가 다양한 이야기를 나눠볼 수 있다. 이를 통해 학습자의 고향 나라와 한국에서의 경험을 공유하면서 여러 문화를 더 잘 이해하고 존중할 수 있도록 하였다.

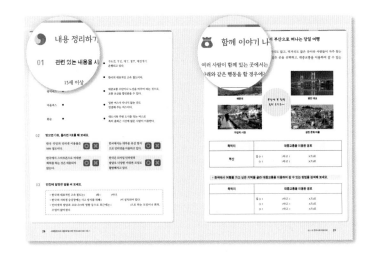

대단원 내용 정리
〈보기〉에 제시된 용어를 빈칸에 채우는 활동을 통해 영역의 주요 내용을 정리할 수 있도록 하였다.

스스로 해결하기
자음·모음 조합, 번호 찾기, 가로세로 낱말 퍼즐 등의 형식을 통해 학습자가 흥미와 호기심을 가지고 문제를 해결할 수 있도록 구성하였다.

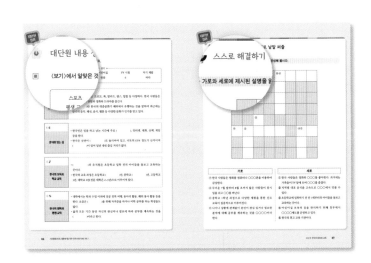

스스로 탐구하기

신문 기사나 사진, 최신 이슈 자료, 과제 등을 통해 학습자 자신의 생각 및 의견을 자유롭게 표현할 수 있도록 하였다.

스스로 평가하기

영역에서 학습한 내용을 확인할 수 있는 선다형 문항을 구성하였다. 이를 통해 학습자의 이해 정도를 점검하고 학습목표 도달 여부를 확인할 수 있도록 하였다.

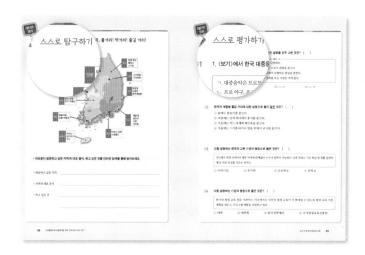

화보

영역과 관련된 사진이나 삽화 등을 2쪽에 걸쳐 제시하였다. 해시태그에 키워드도 함께 제시하였으며 학습자가 각 영역에 대한 학습을 마무리하면서 부담 없이 참고할 수 있도록 하였다.

일러두기

영역	단원	도입 이미지	학습목표	본문	알아두면 좋아요	함께 이야기 나누기
한국 사회 이모 저모	1. 한국 소개	한국을 상징하는 것들	1) 한국을 상징하는 것을 설명할 수 있다. 2) 다양한 지표를 통해 한국의 특징을 설명할 수 있다.	1) 한국을 상징하는 것은 무엇일까? 2) 한국은 어떤 나라일까?	1) 한국의 상징 더 알아보기 2) 한국에 입국하는 외국 국적 동포들이 늘고 있어요	자신의 고향 나라를 소개해 보세요
	2. 편리한 교통과 통신	직장인이 출근하는 모습	1) 한국의 편리한 교통 수단에 대해 설명할 수 있다. 2) 한국의 편리한 통신 수단에 대해 설명할 수 있다.	1) 한국의 교통은 어떤 모습일까? 2) 한국의 통신은 어떤 모습일까?	1) 공공 자전거를 타고 지역 곳곳을 다닐 수 있습니다. 2) 대중교통을 이용할 때 와이파이가 무료!	서울에서 부산으로 떠나는 당일 여행
	3. 국민의 건강과 안전	안전한 나라를 만들기 위해 함께 노력하는 모습	1) 국민의 건강을 지키기 위한 의료 서비스를 설명할 수 있다. 2) 재난과 범죄로부터 국민을 보호하는 서비스를 설명할 수 있다.	1) 국민의 건강을 위한 제도에는 무엇이 있을까? 2) 국민의 안전을 위한 제도에는 무엇이 있을까?	1) 처방전 없이 살 수 있는 약이 있다고요? 2) 119 신고, 이렇게 하면 어렵지 않아요	CCTV, 범죄 예방? 사생활 노출?
	4. 모두가 행복한 삶	생애 주기별 복지 제도의 모습	1) 국민의 행복을 보장하는 복지 제도를 설명할 수 있다. 2) 국내의 외국인을 위한 다양한 지원 정책을 설명할 수 있다.	1) 한국의 복지 정책에는 무엇이 있을까? 2) 외국인을 위한 지원 정책에는 무엇이 있을까?	1) 우리 동네 다문화 가족 지원 시설을 찾아라 2) 다양한 외국인 지원 정책	어려움을 겪고 있는 사람을 도와주세요!
	■ 한국사회 이모저모 대단원 정리	대단원 내용 정리	스스로 해결하기	스스로 탐구하기	스스로 평가하기	화보
		한국사회 이모저모 주요 내용 정리	비밀번호를 찾아라!	광역 알뜰 교통카드	한국사회 이모저모 형성 평가	경제협력개발기구 보건 통계로 보는 한국

영역	단원	도입 이미지	학습목표	본문	알아두면 좋아요	함께 이야기 나누기
한국의 문화와 교육	5. 한국의 대중문화	한국인이 함께 즐기는 문화 모습	1) 한국 대중문화의 특징을 설명할 수 있다. 2) 세계 속의 한국 대중문화를 설명할 수 있다.	1) 한국의 대중문화는 어떤 모습일까? 2) 세계 속의 한국 문화는 어떤 모습일까?	1) 매달 마지막 주 수요일, 문화 혜택이 쏟아진다 2) 인천국제공항에서 즐기는 한국의 전통문화	한국의 영화와 드라마
	6. 휴식이 있는 삶	한국인들이 휴식을 즐기는 모습	1) 한국인의 여가 생활은 어떤 특징이 있는지 설명할 수 있다. 2) 한국에는 계절별, 지역별로 어떤 즐길 거리가 있는지 조사할 수 있다.	1) 한국인은 여가를 어떻게 보낼까? 2) 한국에서 즐길 거리는 무엇이 있을까?	1) 캠핑을 떠난다면, 나에게 맞는 캠핑 방식은 무엇일까? 2) 함께 떠나요! 시티 투어!	여러분은 여가 시간에 무엇을 합니까?
	7. 한국의 보육과 학교 교육	어린이들과 학생들이 공부하는 모습	1) 한국 보육 서비스의 특징을 설명할 수 있다. 2) 한국 학교 교육의 특징을 설명할 수 있다.	1) 한국의 보육 제도는 어떤 모습일까? 2) 한국의 학교 교육 제도는 어떤 모습일까?	1) 유치원에서도 다문화교육이 이루어진다 2) 한국어가 좀 서투르면 어때요? 선생님과 즐겁게 배워요	한국의 입시 풍경
	8. 한국의 대학과 평생 교육	한국의 고등 교육과 평생 교육의 모습	1) 한국 대학 교육의 특징을 설명할 수 있다. 2) 한국 평생 교육의 특징을 설명할 수 있다.	1) 한국의 대학 교육은 어떤 모습일까? 2) 한국의 평생 교육은 어떤 모습일까?	1) 대학생 언니, 오빠와 공부하는 시간이 기다려져요 2) 외국인도 학점 은행제를 이용할 수 있을까요?	여러분이 한국에서 더 배우고 싶은 것은 무엇입니까?
	■ 한국의 문화와 교육 대단원 정리	대단원 내용 정리	스스로 해결하기	스스로 탐구하기	스스로 평가하기	화보
		한국의 문화와 교육 주요 내용 정리	가로세로 낱말 퍼즐	전국 방방곡곡, 볼거리! 먹거리! 즐길거리!	한국의 문화와 교육 형성 평가	다양성을 존중하는 유치원, 학교

일러두기

영역	단원	도입 이미지	학습목표	본문	알아두면 좋아요	함께 이야기 나누기
한국의 전통과 역사	9. 가족과 공동체	한국의 다양한 가족의 모습	1) 한국에서 가족이 갖는 의미와 변화하는 가족의 다양한 모습을 설명할 수 있다. 2) 한국인의 공동체 의식과 그 특징을 설명할 수 있다.	1) 한국의 가족은 어떤 모습일까? 2) 가족을 넘어 공동체로	1) 우리, 뭐라고 부를까요? 2) 다문화 공동체, 생각나무BB센터	결혼은 선택일까, 필수일까?
	10. 명절과 기념일	세계의 다양한 명절 음식 모습	1) 한국의 대표적인 명절과 음식의 의미를 설명할 수 있다. 2) 한국의 대표적인 국경일과 기념일을 설명할 수 있다.	1) 한국인은 명절에 무엇을 할까? 2) 한국의 국경일과 기념일에는 무엇이 있을까?	1) 복날이면 많이 먹는 음식, 삼계탕 2) 선생님, 감사합니다!	이제는 편의점이나 쇼핑몰에서도 명절 음식을 살 수 있어요
	11. 한국의 역사적 인물	한국의 화폐 모습	1) 화폐 속 한국의 역사 인물을 설명할 수 있다. 2) 여러 어려움 속에서도 자신의 삶을 살아간 여성의 활동상을 설명할 수 있다.	1) 화폐 속 역사 인물 2) 거리 이름 속 여성 인물	1) 대한국인 안중근 2) 그 어머니에 그 아들! 안중근의 어머니 조마리아	누구를 알고 있나요?
	12. 역사가 담긴 문화유산	서울에 있는 조선의 5대 궁궐 모습	1) 한국의 대표적인 궁궐을 설명할 수 있다. 2) 그림을 통해 옛사람들의 생활 모습을 설명할 수 있다.	1) 왕은 어디에서 살았을까? 2) 그림 속 옛사람들의 삶	1) 밤에 즐기는 궁궐 산책 2) 판소리, 삶을 이야기하고 노래하다	변화하는 한국의 전통 옷, 한복
	■ 한국의 전통과 역사 대단원 정리	대단원 내용 정리	스스로 해결하기	스스로 탐구하기	스스로 평가하기	화보
		한국의 전통과 역사 주요 내용 정리	공항버스 번호를 찾아라!	세계 여러 나라의 화폐에 담긴 인물을 알아볼까요?	한국의 전통과 역사 형성 평가	유네스코가 선정한 한국의 세계 유산

차례

제1부

한국사회 이모저모

다음은 한국을 상징하는 것입니다.
자신의 고향 나라를 상징하는 것은 무엇입니까?

CHAPTER
01
한국 소개

이 단원을 배우고 나면

- 한국을 상징하는 것을 설명할 수 있다.
- 다양한 지표를 통해 한국의 특징을 설명할 수 있다.

한국을 상징하는 것은 무엇일까?

한국의 국기

한국의 국기는 태극기이다. 하얀 바탕에 태극 문양과 검은색 막대 모양인 괘로 이루어져 있다.

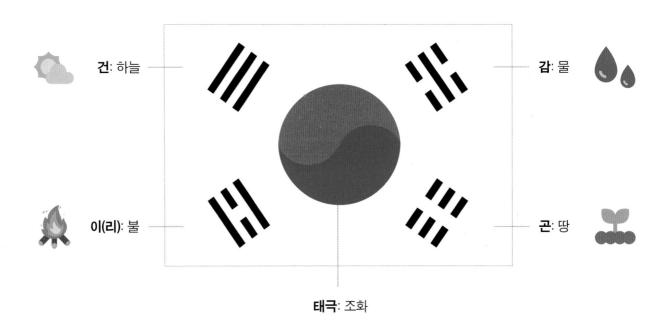

건: 하늘

감: 물

이(리): 불

곤: 땅

태극: 조화

한국의 국화

한국의 국화는 무궁화이다. '영원히 지지 않는 꽃'이라는 뜻을 지니고 있다.

❀ 7월에서 10월 정도까지 매일 새로 꽃이 핀다.

❀ 보통 한 그루에 2~3천 송이가 핀다.

❀ 애국가 후렴구 가사에 등장한다.

한국의 국가는 애국가이다. '나라를 사랑하는 노래'라는 뜻을 지니고 있다. 노래 가사는 4절로 이루어져 있다.

* 공활: 텅 비어 몹시 넓음

* 일편단심: 한 조각의 붉은 마음이란 뜻으로 진심에서 나오는 변하지 않는 마음

💡 알아두면 좋아요 한국의 상징 더 알아보기

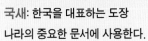

국새: 한국을 대표하는 도장
나라의 중요한 문서에 사용한다.

나라 문장: 한국을 상징하는 표시
나라의 중요한 문서나 건물 등에 사용한다.

한국은 어떤 나라일까?

한국을 나타내는 다양한 자료

• 면적은 약 10만km²로 세계 107위이다.

• 화폐 단위는 원(WON)이다.
• 1달러(USD)는 1,100원 정도이다. (2020년 기준)

• 수도는 서울이다.

• 사계절이 뚜렷하다.
• 여름에는 덥고 비가 많이 내린다.
• 겨울에는 춥고 건조하다.

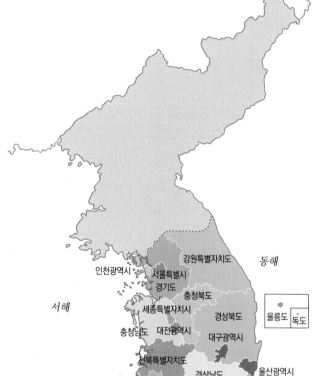

강원특별자치도
동해
인천광역시
서울특별시
경기도
서해
충청북도
세종특별자치시
경상북도
울릉도 독도
충청남도 대전광역시
대구광역시
전북특별자치도
경상남도 울산광역시
광주광역시
전라남도 부산광역시
남해
제주특별자치도

• 인구는 약 5,100만 명으로 세계 28위이다.
(2020년 기준)

• 정부 형태는 대통령제이다.

• 특별시 1개, 광역시 6개, 특별자치시 1개,
도 9개(도 6개, 특별자치도 3개)가 있다.

• 국내총생산(GDP)은 약 1조 6천억 달러로
세계 12위이다.
• 1인당 GDP는 약 3만 1천 달러로 세계 28위이다.
(2020년 기준)

한국 인구의 현재와 미래

세계와 한국의 합계 출산율(연평균) 흐름

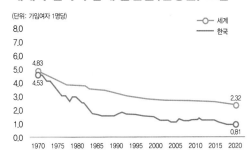

(단위: 가임여자 1명당)

○ 세계
― 한국

4.83
4.53
2.32
0.81

한국의 여성 1명이 임신 가능한 기간에 낳는
평균 자녀의 수(합계 출산율)는 세계 평균의
절반에 크게 못 미친다.

세계와 한국의 기대 수명(연평균) 흐름

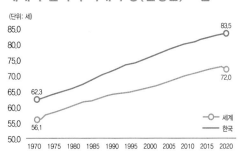

(단위: 세)

83.5
62.3
72.0
56.1

○ 세계
― 한국

한국의 의료기술의 발달로 기대 수명은 세계
평균보다 10년 정도 높다.

세계와 한국의 총인구 전망

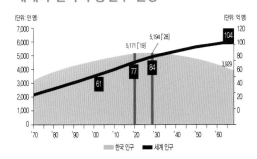

(단위: 만 명)   (단위: 억 명)

5,171 ['19]   5,194 ['28]
104
77   84
61
3,929

한국 인구   세계 인구

한국의 인구는 2028년 무렵부터 줄어들 것으로
예상된다.

세계와 한국의 연령별 인구 전망

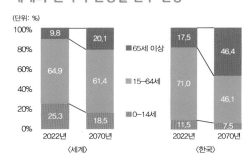

(단위: %)

9.8	20.1	■65세 이상
64.9	61.4	■15~64세
25.3	18.5	■0~14세

17.5   46.4
71.0   46.1
11.5   7.5

2022년 2070년 〈세계〉   2022년 2070년 〈한국〉

한국의 생산가능인구(15~64세) 비율이 줄어들고
노인 인구(65세 이상) 비율이 늘어날 것으로 예상된다.

(출처: 통계청, 2022)

💡 **알아두면 좋아요** 한국에 입국하는 외국 국적 동포들이 늘고 있어요

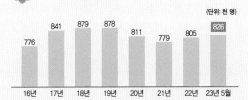

(단위: 천 명)

776   841   879   878   811   779   805   826

16년 17년 18년 19년 20년 21년 22년 23년 5월

해마다 한국에 들어오는 동포들이 증가하여
약 89만 명이 체류하고 있다. (2023년 기준)

(단위: 명)

국적 계	중국	미국	우즈베키스탄	러시아	캐나다	카자흐스탄
825,846	639,696	47,801	42,106	36,351	18,194	20,848
	호주	키르기스스탄	우크라이나	타지키스탄	투르크메니스탄	기타
	5,208	3,880	3,488	430	406	7,438

중국 동포가 가장 많고, 러시아와 중앙아시아에서
들어오는 동포들이 증가하고 있다. (2023년 기준)

(출처: 법무부, 2023년 5월 출입국외국인정책 통계월보)

🌀 내용 정리하기

01 관련 있는 내용을 서로 연결해 보세요.

 •　　　• 태극기 •　　　• 한국의 국화

 •　　　• 애국가 •　　　• 한국의 국기

 •　　　• 무궁화 •　　　• 한국의 국가

02 맞으면 O표, 틀리면 X표를 해 보세요.

한국의 수도는 부산이다.

한국의 화폐 단위는
원(WON)이다.

한국의 정부 형태는
대통령제이다.

한국은 여름에 비가 많이 온다.

03 (　　) 안에 들어갈 알맞은 말에 O표 해 보세요.

> • 한국의 총인구는 2028년 무렵부터 (증가, 감소)할 것으로 예상된다.
> • 한국의 생산 가능 인구는 앞으로 (증가, 감소)할 것으로 예상된다.
> • 한국의 합계 출산율은 세계 평균보다 (높고, 낮고) 기대 수명은 세계 평균보다 (높다, 낮다).

함께 이야기 나누기   자신의 고향 나라를 소개해 보세요

• 자신의 고향 나라를 상징하는 것을 소개해 보세요

국기	국화	국가

• 스마트폰 검색을 통해 자신의 고향 나라의 특징을 더 조사하고 소개해 보세요

면적	인구	기후

다음은 직장인이 교통수단을 이용하여 출근하는 모습입니다.
여러분은 한국에서 어떤 대중교통을 주로 이용하고 있습니까?

CHAPTER
02

편리한 교통과 통신

이 단원을 배우고 나면

- 한국의 편리한 교통 수단에 대해 설명할 수 있다.
- 한국의 편리한 통신 수단에 대해 설명할 수 있다.

한국의 교통은 어떤 모습일까?

대중교통의 발달

한국의 대표적인 대중교통은 철도와 버스이다. 한국의 고속 철도 KTX, SRT는 국토의 동서남북을 연결하고 있으며 서울−부산 사이를 2시간 30분 내에 갈 수 있다. 지하철은 인구가 많은 수도권, 부산, 대구, 광주, 대전 등에서 운영되고 있으며 시고 방지를 위한 안전문이 대부분 설치되어 있다. 버스는 운행 범위에 따라 고속버스, 시외버스, 광역버스, 마을버스 등이 운행되고 있어 편리하게 이용할 수 있다.

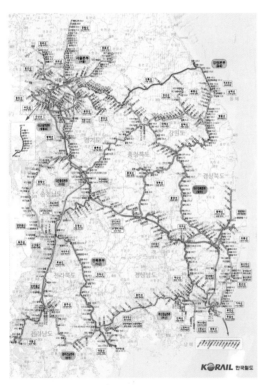

주요 도시가 고속 철도로 연결되어 있다.

고속버스와 시외버스는 한국에서 기차나 비행기로 갈 수 없는 지역을 연결한다.

한국의 지하철역 승강장에는 대부분 안전문이 설치되어 있다.

대도시와 주변 도시를 연결해 주는 광역버스를 타고 출퇴근하는 사람들이 많다.

일반 시내버스가 다니지 않는 곳을 연결하는 마을버스도 있다.

편리한 대중교통

한국은 대중교통 체계를 잘 갖추고 있다. 정부와 각 지자체에서는 사람들이 대중교통을 많이 이용하도록 지원하고 있다. 버스나 지하철을 이용할 때 노선이나 교통수단을 바꾸는 경우 요금을 할인받을 수 있다. 또한 금액을 미리 충전하거나 대중교통 이용 요금을 나중에 결제하는 교통 카드를 이용하면 할인이나 마일리지 적립 같은 혜택도 함께 받을 수 있다.

지하철-버스-마을버스를 30분 내 (21:00~7:00에는 1시간 이내)에 옮겨 타는 경우 요금을 할인받을 수 있다.

버스의 노선 번호에 따라 도착 예정 시간을 알려준다.

카드에 원하는 금액을 미리 충전하거나 이용한 금액만큼 나중에 결제할 수 있다.

카드 정보를 휴대 전화에 입력하여 더 편리하게 대중교통을 이용할 수 있다.

 알아두면 좋아요 공공 자전거를 타고 지역 곳곳을 다닐 수 있습니다

잠금 해제 되었습니다

반납 되었습니다

이용 방법

1. 지역의 공공 자전거 앱을 설치한다.
2. 회원 가입 및 결제 수단을 등록한다.
3. 주변의 대여소에서 자전거를 빌리고, 사용 후에는 가까운 대여소에 세워 놓는다.

* 지역마다 공공 자전거 명칭과 이용 방법이 조금씩 다르므로 관련 누리집 참고

한국의 통신은 어떤 모습일까?

통신 수단의 발달

한국 국민 10명 중 9명 이상이 인터넷을 이용하고 있으며 대부분 와이파이나 모바일 인터넷 등으로 접속하고 있다. 10~20대는 신기술 서비스(동영상, AI) 등, 30~40대는 경제 활동 관련 서비스(인터넷 뱅킹, 인터넷 쇼핑) 등, 50대 이상은 메신저 등 의사소통 관련 서비스를 많이 이용하고 있다. 1주일간 인터넷 이용 평균 시간은 22.1시간이며 21~35시간 이용자가 가장 많은 것으로 나타났다. (2022년 기준)

연령별 인터넷 이용률

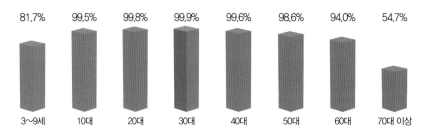

3~9세	10대	20대	30대	40대	50대	60대	70대 이상
81.7%	99.5%	99.8%	99.9%	99.6%	98.6%	94.0%	54.7%

인터넷 이용 시간
주 평균 이용 시간 22.1시간

- 1시간 미만 1.9%
- 1시간~3시간 미만 4.8%
- 3시간~7시간 미만 7.2%
- 7시간~14시간 미만 20.6%
- 14시간~21시간 미만 19.9%
- 21시간~35시간 미만 29.9%
- 35시간 이상 15.8%

주 평균 이용 시간 22.1시간

대한민국의 인터넷 이용률

93%

(출처: 한국지능정보사회진흥원, 2022년도 인터넷이용실태조사 최종보고서)

주로 이용하는 인터넷 서비스

(단위: 만 명)

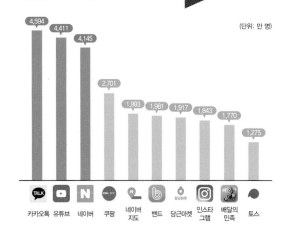

카카오톡	유튜브	네이버	쿠팡	네이버지도	밴드	당근마켓	인스타그램	배달의민족	토스
4,594	4,411	4,145	2,701	1,993	1,981	1,917	1,843	1,770	1,275

모바일 인터넷 이용자들은 주로 인스턴트 메신저, 인터넷 쇼핑, 인터넷 뱅킹, 동영상 서비스, 온라인 교육 등을 주로 이용하고 있다.

(출처: 2022년 와이즈앱 · 리테일 · 굿즈 조사 자료)

편리한 통신 수단

최근에는 스마트폰이나 태블릿 PC 등을 통한 모바일 인터넷 사용이 증가하고 있다. SNS 메신저나 이메일 등으로 다양한 정보와 사진, 영상 등을 여러 사람과 쉽게 공유할 수 있다. 코로나19 이후 비대면 회의나 비대면 수업이 늘어나는 환경에서 스마트폰 등을 이용하여 어디서나 비대면 모임에 편리하게 참여할 수 있다. 영화나 연극, 음식점 등을 예매할 때도 모바일 인터넷을 많이 사용한다.

모바일로 청첩장, 축의금, 용돈 등을 보내기도 한다.

모바일로 각종 공연이나 식당 등도 빠르고 편리하게 예매할 수 있다.

 알아두면 좋아요 대중교통을 이용할 때 와이파이가 무료!

전국의 모든 시내버스에서 와이파이를 이용할 수 있다.

공공 와이파이는 인터넷을 검색하거나 동영상을 시청할 때만 이용하고, 중요한 개인 정보나 금융거래 정보와 관련된 것에는 이용을 자제하는 것이 안전하다.

내용 정리하기

01 관련 있는 내용을 서로 연결해 보세요.

KTX ● ● 수도권, 부산, 대구, 광주, 대전 등에서 운행되고 있다.

지하철 ● ● 한국의 대표적인 고속 철도이다.

광역버스 ● ● 대중교통 수단이나 노선을 바꾸어 타는 것으로, 교통 요금을 할인받을 수 있다.

마을버스 ● ● 일반 버스가 다니지 않는 곳도 연결해 주는 버스이다.

환승 ● ● 대도시와 주변 도시를 잇는 버스로 특히 출퇴근 시간에 많은 사람이 이용한다.

02 맞으면 O표, 틀리면 X표를 해 보세요.

한국 국민의 인터넷 이용률은 50% 정도이다.

한국에서는 대부분 유선 방식으로 인터넷을 이용하고 있다.

한국에서 스마트폰으로 비대면 회의를 하는 것은 허용되지 않는다.

한국은 모바일 인터넷의 발달로 다양한 비대면 모임도 활발해지고 있다.

03 빈칸에 알맞은 말을 써 보세요.

- 한국의 대표적인 고속 철도는 (   )와 (   )이다.
- 한국의 지하철 승강장에는 사고 방지를 위해 (   )이 설치되어 있다.
- 인터넷의 발달과 코로나19의 영향 등으로 최근에는 (   )으로 하는 모임이나 회의, 수업이 많아졌다.

함께 이야기 나누기 서울에서 부산으로 떠나는 당일 여행

부산은 한국 제2의 도시예요. 바다와 가까워 볼거리도 많고, 먹거리도 많은 곳이라 사람들이 자주 찾는 여행지이기도 해요. 아래 부산의 명소 중 가고 싶은 곳을 선택하고, 대중교통을 이용하여 갈 수 있는 방법을 검색해 보세요.

해운대

부산에 꼭 한번
놀러 오이소~~

광안 대교

자갈치 시장

감천 문화 마을

목적지	대중교통을 이용한 경로
부산	집 ➜ ( ) 타고 ( )(으)로 ➜ ( ) 타고 ( )(으)로

• 한국에서 여행을 가고 싶은 지역을 골라 대중교통을 이용하여 갈 수 있는 방법을 검색해 보세요.

목적지	대중교통을 이용한 경로
	집 ➜ ( ) 타고 ( )(으)로 ➜ ( ) 타고 ( )(으)로 ➜ ( ) 타고 ( )(으)로

다음은 안전한 나라를 만들기 위해 함께 노력하는 모습입니다.
여러분 주변에 위험 시설이나 안전이 더 요구되는 곳이 있습니까?

CHAPTER

03

국민의 건강과 안전

1 국민의 건강을 위한 제도에는 무엇이 있을까?
- 의료 기관 이용 방법
- 국민건강보험

2 국민의 안전을 위한 제도에는 무엇이 있을까?
- 재난 안전 정보
- 생명과 재산 보호

이 단원을 배우고 나면

- 국민의 건강을 지키기 위한 의료 서비스를 설명할 수 있다.
- 재난과 범죄로부터 국민을 보호하는 서비스를 설명할 수 있다.

1 한국사회
이모저모

국민의 건강을 위한 제도에는 무엇이 있을까?

의료 기관 이용 방법

한국의 의료 기관은 규모나 이용 서비스 범위에 따라 구분된다. 가벼운 증상이 있거나 간단한 검사를 할 경우 동네 의원이나 보건소에 간다. 병이 낫지 않거나 정밀 검사가 필요할 때는 종합 병원이나 상급 종합 병원(대학 병원 등)에 찾아간다. 이 밖에 한의원에서 침이나 뜸을 이용한 치료를 받고 한약을 처방받기도 한다.

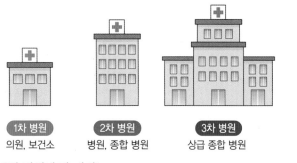

1차 병원	2차 병원	3차 병원
의원, 보건소	병원, 종합 병원	상급 종합 병원

3차 병원에 갈 때에는
1, 2차 병원의 진료 의뢰서를 가져가야 한다.

한의원에서 치료를 받고, 약을 처방받기도 한다.

진료부터 약 구입까지

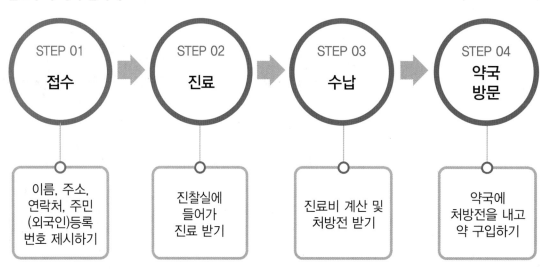

STEP 01 접수	STEP 02 진료	STEP 03 수납	STEP 04 약국 방문
이름, 주소, 연락처, 주민(외국인)등록번호 제시하기	진찰실에 들어가 진료 받기	진료비 계산 및 처방전 받기	약국에 처방전을 내고 약 구입하기

국민건강보험

사람들은 살아가면서 갑작스러운 사고나 질병에 걸릴 수 있다. 한 번에 치료비가 많이 드는 경우에는 경제적으로 어려움을 겪을 수 있다. 이에 대비하기 위해 한국 정부는 국민에게 매달 일정 금액의 보험료를 내도록 하고, 필요에 따라 진료비, 치료비의 일부를 지원해 주는 '국민건강보험' 제도를 운영하고 있다. 한국에 6개월 이상 체류한 외국인, 재외 국민도 건강보험에 가입해야 한다.

영유아기 (0~5세)	학령기 (9~18세)	성인/노년기 (20세 이상)
영유아 건강 검진	학교 밖 청소년 건강 검진	일반 건강 검진
		국가 암 검진

건강 보험에 가입하여 생애 주기별 건강 검진을 통해 질병을 미리 예방할 수 있다.

건강 보험 제도의 운영으로 코로나19가 발생했을 때 빠른 진단 검사와 치료가 가능했다.

 알아두면 좋아요 처방전 없이 살 수 있는 약이 있다고요?

가벼운 증상이 있을 때, 처방전 없이 가까운 편의점에서 약을 구매할 수 있다. 구매 가능한 약은 해열 진통제, 감기약, 소화제, 파스가 있다.

〈주의사항〉
※ 약을 먹는 방법과 양을 확인한다.
※ 12세 미만 어린이 혼자서는 구매할 수 없다.
※ 아이들의 손이 닿지 않는 곳에 보관한다.

(출처: 연합뉴스)

국민의 안전을 위한 제도에는 무엇이 있을까?

재난 안전 정보

한국에서는 '국민재난안전포털'이라는 누리집을 통해 국민에게 재난 정보를 제공하고 있다. 또한 '안전디딤돌' 앱을 통해 재난 뉴스, 날씨 정보, 재난 안전 정보를 편리하게 이용할 수 있으며 위급한 상황이 발생했을 때 긴급 신고도 가능하다. 일상생활에서 위험 요인을 발견했을 때는 '안전신문고'에 신고하면 이를 해결할 수 있다.

재난 안전 상황 정보

기상청	2022/10/29 08:27:00 충북 괴산군 북동쪽 11km 지역 규모 3.5 지진 발생. 낙하물로부터 몸 보호, 진동 멈춘 후 야외 대피하며 여진 주의
행정안전부	2023/07/23 06:57:00 비가 예보되어 있습니다. 가급적 외출을 자제하시고, 지하차도 입구 등 도로면에 물이 흐르는 경우 출입을 금지하시기 바랍니다.

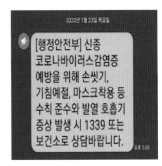

국민재난안전포털로 재난 정보 제공

안전 안내 문자 발송

'안전디딤돌' 앱을 이용하여
주변의 시설 정보도 확인할 수 있다.

1. 안전신문고 앱을 열고

2. 안전 위험요인을 촬영

3. 위치와 내용 입력 후 제출!

'안전신문고' 앱에서 안전 위험 요인을 신고하여 사고를
예방할 수 있다.

생명과 재산 보호

한국은 범죄 발생률이 대체로 낮고 발생한 범죄에 대한 범인 검거[*]율도 76.5%(2022년 기준)로 세계적으로 치안 수준이 높은 편이다. 한국 경찰은 한국에 거주하는 사람들을 보호하는 것은 물론, 한국을 찾은 외국인 관광객의 안전과 편의를 위해 서울, 부산, 인천 등에서 관광 경찰로도 활동하고 있다. 경찰 외에도 지역 주민들이 지역의 범죄 예방을 위해 스스로 '자율 방범대'를 조직하여 활동하는 경우도 있다.

*검거: 법을 어긴 사람을 경찰 등 국가 기관이 잡음

대한민국 경찰 캐릭터 포돌이와 포순이

범죄 신고는 112

관광 경찰이 필요할 때는 1330

외국인 자율 방범대 (출처: 연합뉴스)

 알아두면 좋아요   119 신고, 이렇게 하면 어렵지 않아요

119 전화 신고가 어려운 경우 문자, 앱, 영상통화 등 다양한 방식으로 신고할 수 있다.

화재나 사고 등 긴급한 상황이 발생했을 때, 119에 신고하려고 해도 한국어로 소통하는 것이 불편하다면 전화로 신고하기가 어렵다. 이 경우에 문자, 앱, 영상 통화 등 다양한 방식으로 119 신고를 할 수 있는 '119 다매체 신고' 서비스를 이용할 수 있다.

내용 정리하기

01 관련 있는 내용을 서로 연결해 보세요.

의원, 보건소 ●　　　　　　　　　　● 가벼운 증상이 있는 경우 찾아간다.

한의원 ●　　　　　　　　　　● 병이 지속되거나 정밀 검사가 필요할 때 방문한다.

종합 병원 ●　　　　　　　　　　● 침이나 뜸을 이용해 치료를 받는다.

02 맞으면 O표, 틀리면 X표를 해 보세요.

한국에서는 재난이 예상되거나 발생했을 때 모든 국민에게 재난 정보를 제공하고 있다.

한국에서는 '안전신문고' 누리집을 통해 안전 위험 요인을 신고할 수 있다.

한국에서는 외국인 관광객의 안전을 담당하는 관광 경찰을 운영하고 있다.

한국에서는 지역 사회 범죄 예방을 위해 오직 경찰만 활동할 수 있다.

03 빈칸에 알맞은 말을 써 보세요.

- 병원 진료 후 약을 구입하기 위해서는 병원에서 받은 (　　　　　　)을 제출해야 한다.
- 한국에서는 모든 국민의 병원비와 약값에 대한 부담을 줄이고자 (　　　　　) 제도를 운영하고 있다.
- 범죄를 신고하는 전화번호는 (　　　　　)이다.

함께 이야기 나누기　CCTV, 범죄 예방? 사생활 노출?

> • CCTV는 각종 범죄를 예방하고, 사건 해결의 단서를 제공하기도 하지만 사생활이 노출될 수 있다는 문제도 있어요. CCTV 설치 확대에 대한 의견을 나누어 보세요.

CCTV 설치를 더욱 확대해야 한다	
찬성 이유	반대 이유
• CCTV의 좋은 점	• CCTV의 문제점

다음은 한국에서 일생 동안 누릴 수 있는 복지 제도의 모습입니다.
더 자세히 알아보고 싶은 복지 제도는 무엇입니까?

CHAPTER
04

모두가 행복한 삶

이 단원을 배우고 나면

- 국민의 행복을 보장하는 복지 제도를 설명할 수 있다.
- 국내의 외국인을 위한 다양한 지원 정책을 설명할 수 있다.

1 한국사회 이모저모 한국의 복지 정책에는 무엇이 있을까?

국민의 행복을 위해

한국은 국민 모두의 행복한 삶을 위해 여러 가지 복지 정책을 실시하고 있다. 정부는 생활이 어려운 사람에게는 생활, 교육, 의료, 주거비를 지원하여 기본적인 생활을 할 수 있도록 돕고 있다. 또한 가족 중에 돈을 버는 사람이 없거나 위급한 질병이나 사고로 일을 할 수 없게 되었을 경우 긴급 도움을 제공하기도 한다.

소득이 매우 적고 생활이 어려운 사람은 일정한 비용을 지원받을 수 있다.

갑작스럽게 어려운 일을 당한 경우 일시적인 도움을 받을 수 있다.

한편 질병, 사고, 사망 등 갑작스러운 일을 당하면 자신은 물론 그 가족의 생활마저 어려워질 수 있다. 또한 나이가 많이 들면 일을 할 수 없어서 소득을 얻기가 어렵다. 한국에서는 이러한 상황에 대비하기 위해 여러 가지 복지 정책을 실시하여 국민의 건강과 소득을 보장하고 있다.

대비		지원
일상생활에서 다치거나 병에 걸리는 상황에 대비		치료비 일부 지원
근로자가 일을 하다가 다치거나 병에 걸리는 상황에 대비	매달 개인이나 회사 등이 약간씩 돈을 내면 정부가 그 돈을 모아서 관리함	치료비 일부 등 피해 지원
근로자가 직장을 잃게 되는 상황에 대비		일정한 금액 지원
나중에 나이가 들어 일을 하지 못하는 상황에 대비		매달 일정한 생활비 지원

생애 주기별 복지 정책

한국의 복지 정책은 어린아이부터 노인까지 생애 주기별로 마련되어 있다. 그리고 복지 정책의 대상이 되는 사람들의 범위가 점차 확대되고 있다.

〈영아기 · 유아기〉
- 어린이 국가 예방 접종
- 7세 미만 아동 수당
- 다문화 가족 자녀 언어 발달 지원 서비스

〈아동기 · 청소년기〉
- 방과 후 초등 돌봄 교실
- 방과 후 학교 자유 수강권
- 초중고 학생 교육 정보화 지원
- 지역 아동 센터 지원

〈노년기〉
- 독거노인, 중증 장애인 지원
- 응급 안전 알림 서비스
- 치매 치료 관리비 지원

〈청년기 · 장년기〉
- 대학생 근로 장학금 지원
- 행복 주택 공급
- 직장 어린이집 설치 지원

 알아두면 좋아요 우리 동네 다문화 가족 지원 시설을 찾아라

'복지로' 앱을 통해 우리 동네에는 어떤 지원 시설이 있는지 찾아볼 수 있다.

다문화 가족 지원 센터: 다문화 가족의 한국 생활 적응을 돕는 곳이다.

(출처: 부산디자인진흥원)

다문화 지역 아동 센터: 다문화 가족 자녀의 돌봄과 교육을 담당하는 곳이다.

(출처: 서울경제)

외국인을 위한 지원 정책에는 무엇이 있을까?

한국 생활 적응을 돕기 위해

한국에서 생활하고 있는 외국인들의 각종 어려운 문제를 쉽고 빠르게 해결할 수 있는 곳이 있다. 대표적인 예로는 외국인을 위한 전자 정부 '하이코리아'를 들 수 있다. 하이코리아에서는 각종 민원 신청과 정보 조회, 자동 출입국 심사 등과 한국 생활에 대한 유용한 정보 등을 편리하게 이용할 수 있다.

	관할 출입국/ 외국인 관서	등록증/거소증 유효 확인	체류 만료일 조회	외국인 취업 및 고용 가능 여부 조회	법무부 지정 의료 기관 조회

http://www.hikorea.go.kr

(출처: 하이코리아, 2020)

외국인의 건강을 위해

한국에 살고 있는 외국인도 여러 가지 복지 서비스를 받을 수 있다. 일정 조건에 해당하는 외국인에게는 최소한의 생활을 보장해 주고, 갑자기 큰 병에 걸리거나 다쳤을 경우 외국인이 어려움을 극복할 수 있도록 도움을 주고 있다. 코로나19 감염병 상황에서 많은 외국인에게 무료로 검사와 치료를 제공하기도 하였다.

대한민국에 있는 한, 인간으로서 누릴 수 있는
최소한의 건강한 삶을 지켜드리고 있습니다.

외국인 근로자인데 건강보험증이 없다고요?
걱정하지 마시고 의료지원을 신청하세요.

외국인 근로자 등을 위한 의료 지원 사업

대상	외국인 근로자와 그 자녀 한국 국적을 취득하기 전의 결혼 이민자와 그 자녀 난민과 그 자녀 등
지원 내용	1회당 500만 원 범위 내에서 입원에서 퇴원까지 발생한 진료비 지원
신청 방법	각 시·도에서 지정한 의료 기관에 신청 ※ 문의: 국립중앙의료원, 지방의료원, 적십자병원, 시·도 보건위생과, 보건소 ※ 상담전화: 보건복지부 상담 센터 129

(출처: 보건복지부, 2020)

 알아두면 좋아요 **다양한 외국인 지원 정책**

외국인의 국내 체류와 비자 관련 정보를 제공하기 위해서 비자 내비게이터 '한글판'(2022.12) 및 '영문판'(2023.6)을 배포 (출처: 법무부)

'사회통합프로그램은 국내 체류 외국인의 적응과 자립을 돕기 위한 제도 (출처: 매일경제)'

일부 지역에서는 외국인 주민에게 생활 안정 지원금을 지급 (출처: 안산시)

내용 정리하기

01 관련 있는 내용을 서로 연결해 보세요.

유아 ●   ● 행복 주택

초등학생 ●   ● 치매 치료 관리비

청년, 장년 ●   ● 아동 수당

노인 ●   ● 방과 후 돌봄 교실

02 맞으면 O표, 틀리면 X표를 해 보세요.

한국은 생활이 어려운 사람에게 기본적인 생활을 보장하고 있다.

한국은 갑작스러운 사고나 질병 등에 대비한 복지 정책을 실시하고 있다.

한국의 복지 정책은 노인에게 집중되어 있다.

외국인의 경우 한국에서 복지 서비스를 받을 수 없다.

03 빈칸에 알맞은 말을 써 보세요.

- 살면서 질병, 사고, 사망 등 갑작스러운 일을 당하면 자신은 물론 가족들마저 삶이 어려워질 수 있다. 이를 대비하기 위해 정부는 (   )을 통해 국민의 건강과 소득을 보장하고 있다.
- 외국인을 위한 전자 정부 (   )는 한국에서 생활하고 있는 외국인들이 각종 민원 신청과 정보 조회, 자동 출입국 심사, 한국 생활에 필요한 유용한 정보를 이용할 수 있는 곳이다.

함께 이야기 나누기 어려움을 겪고 있는 사람을 도와주세요!

여러분 주위에 한국에서 생활하면서 어려움을 겪고 있는 사람이 있습니까? 자신이 알고 있는 어려운 사람의 사연을 적어 보세요. 또는 여러분 자신의 사연을 적어도 됩니다. 복지로(www.bokjiro.go.kr)에 사연을 남기면 해결 방법을 찾을 수도 있어요. 그리고 자신이나 주위 사람의 사연과 비슷한 사례도 찾아볼 수 있어요.

● 사연 ●

안녕하세요? 저는 ○○시에 살고 있는 티빈이라고 합니다. △△△에서 한국으로 시집와서 10년째 살고 있습니다. 얼마 전, 남편이 교통사고로 병원에 입원했습니다. 저는 병간호도 해야 하고, 아이들도 돌봐야 하고, 돈도 벌어야 합니다. 지금 상황이 너무 힘이 듭니다. 도움을 받을 방법이 없을까요?

● 사연 ●

● 사연 ●

[복지로(www.bokjiro.go.kr)]-[복지도움요청]-[도움요청하기]에서 직접 작성할 수 있어요.

🌸 대단원 내용 정리

■ 〈보기〉에서 알맞은 것을 골라 빈칸에 써 보세요.

● 보기 ●

| 무궁화 | 태극기 | 하이코리아 | 서울 | 건강과 소득 |
| 대통령제 | 국민건강보험 | 고속 철도 | 국민재난안전포털 | 모바일 페이 |

01 한국 소개

• 한국의 국기는 (   ), 한국의 국화는 (   ), 한국의 국가는 애국가이다.
• 한국의 수도는 (   )이고, 정부 형태는 (   )이다.

02 편리한 교통과 통신

• 한국의 (   )인 KTX·SRT는 국토의 동서남북을 연결하고 있으며 서울에서 부산까지 2시간 30분 내에 도착이 가능하다.
• 통신 기술이 발달하면서 모바일 기기에 저장된 정보로 간편하게 결제할 수 있는 (   )를 이용하여 각종 경조사비를 보낼 수 있다.

03 국민의 건강과 안전

• 한국 정부는 국민에게 매달 일정 보험료를 내도록 하고, 필요에 따라 진료비의 일부를 부담해 주는 (   ) 제도를 운영하고 있다.
• 정부에서는 (   )이라는 하나의 누리집으로 모든 국민에게 재난 정보를 제공하며 국민의 생명과 안전을 지키기 위해 노력하고 있다.

04 모두가 행복한 삶

• 사람이 살아가면서 질병, 사고, 사망 등 갑작스러운 일을 당할 수 있다. 이를 대비하기 위해 정부에서는 복지정책을 통해 국민의 (   )을 보장하고 있다.
• 외국인을 위한 전자 정부 (   )를 통해 한국에서 생활하고 있는 외국인들이 민원 신청, 정보 조회, 자동 출입국 심사, 한국 생활의 유용한 정보를 편리하게 이용할 수 있다.

스스로 해결하기 비밀번호를 찾아라!

콘스탄틴은 자전거 자물쇠 비밀번호를 잊어버렸습니다. 아래 문제를 순서대로 풀고, 답 옆에 제시된 숫자를 순서대로 나열하면 비밀번호를 찾을 수 있다고 합니다.

01 한국에서 덥고 비가 많이 내리는 계절은 언제입니까?

봄	1		여름	3		가을	5

02 지하철-버스-마을버스를 몇 분 안에 옮겨 탈 때 요금 할인을 받을 수 있습니까? (기본 시간 적용)

20분	2		30분	4		40분	6

03 가벼운 증상이 있어서 병원에 가려고 합니다. 어떤 병원에 가야 합니까?

동네 의원	7		종합 병원	8		상급 종합 병원	0

04 다음 중 아동을 위한 복지 정책은 무엇입니까?

행복 주택 공급	9		방과 후 초등 돌봄 교실	6		치매 치료 관리비 지원	7

· 콘스탄틴의 자전거 자물쇠 비밀번호는 무엇입니까?

스스로 탐구하기 광역 알뜰 교통 카드

광역 알뜰 교통 카드로 　　교통비도 절약하고 / 건강도 챙기고 / 지구도 살려요!

광역 알뜰 교통 카드

광역 알뜰 교통 카드는 대중교통 정기권과 마일리지가 결합된 형태로 최대 30% 대중교통 요금을 할인받는 제도입니다.

출퇴근과 통학 등으로 대중교통을 정기적으로 이용하는 사람들의 주머니 부담은 덜면서, 대중교통과 보행, 자전거 등 친환경 교통 이용을 장려하기 위해 도입되었습니다.

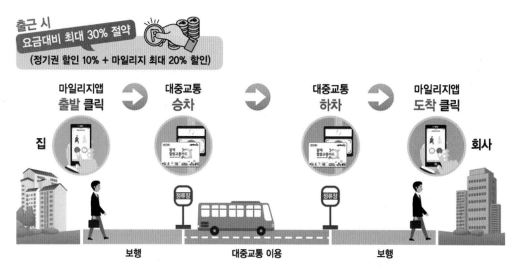

• 여러분의 고향 나라에서도 대중교통 이용을 장려하는 정책이 있다면 소개해 보세요.
또는 고향 나라에 도입하고 싶은 한국의 대중교통 정책이 있다면 소개해 보세요.

스스로 평가하기

01 〈보기〉에서 한국의 상징에 대한 옳은 설명을 모두 고른 것은? (   )

> ● 보기 ●
>
> ㄱ. 한국의 국화는 장미이다.
> ㄴ. 한국의 국기는 태극기이다.
> ㄷ. 한국의 국가는 애국가이다.
> ㄹ. 국새와 나라 문장은 한국의 상징에 포함되지 않는다.

① ㄱ, ㄴ   ② ㄱ, ㄷ   ③ ㄴ, ㄷ   ④ ㄴ, ㄹ

02 한국의 교통과 통신에 대한 설명으로 옳지 <u>않은</u> 것은? (   )

① 한국의 고속 철도에는 KTX, SRT가 있다.
② 한국의 대표적인 대중교통은 오토바이이다.
③ 한국인의 대부분은 인터넷을 이용하고 있다.
④ 모바일 인터넷 사용이 일반화되면서 금융 서비스 이용도 활발해지고 있다.

03 다음에서 설명하는 한국의 사회 보장 제도의 명칭으로 옳은 것은? (   )

> 사람들은 살아가면서 갑작스러운 사고나 질병에 걸릴 수 있다. 이때 한 번에 치료비가 많이 필요하게 되어 어려움을 겪을 수 있다. 이를 위해 정부에서는 국민에게 매달 일정 보험료를 내도록 하고, 필요에 따라 진료비나 치료비의 일부를 지원해 준다. 한국에 6개월 이상 체류한 외국인, 재외 국민도 당연히 가입해야 한다.

① 건강 검진   ② 안전신문고   ③ 자율 방범대   ④ 국민건강보험

04 한국의 생애 주기별 복지 제도를 바르게 짝지은 것은? (   )

> ㄱ. 유아기 – 행복 주택   ㄴ. 아동기 – 방과 후 초등 돌봄 교실
> ㄷ. 장년기 – 아동 수당   ㄹ. 노인기 – 치매 치료 관리비

① ㄱ, ㄴ   ② ㄱ, ㄹ   ③ ㄴ, ㄷ   ④ ㄴ, ㄹ

경제협력개발기구 보건 통계로 보는 한국 #OECD #지표 #보건

• 2022년 경제협력개발기구(OECD) 보건 통계를 통해 한국의 보건 의료 수준을 살펴봅시다.

기대 수명

2021년 기대 수명은 2010년의 80.2년보다 3.4년이 증가했고, OECD 평균보다 3년 정도 더 길다.

보건 의료 이용

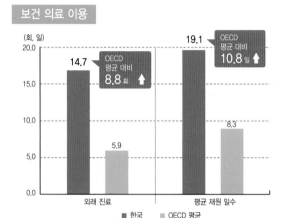

2020년 국민 한 사람이 병원에서 진료를 받은 횟수는 1년에 14.7회로 OECD 국가 중에서 가장 많다. 환자가 입원해서 퇴원하기까지 19.1일이 걸려 OECD 평균의 2.3배 이상이다.

보건 의료 자원

2020년 의사 수는 인구 천 명당 2.5명으로 OECD 평균보다 적고, 병원의 침상 수는 인구 천 명당 12.7개로 OECD 평균보다 2배 이상 많다.

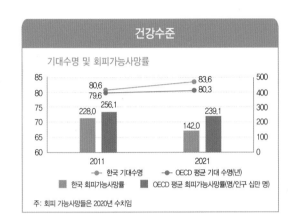

건강수준

기대수명 및 회피가능사망률

주: 회피 가능사망들은 2020년 수치임

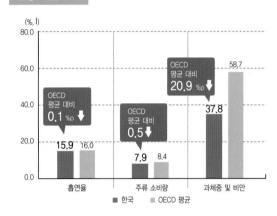

건강 위험 요인

(출처: 보건복지부, 2020)

회피 가능 사망률은 인구 10만 명당 142명으로 OECD 국가 평균인 239.1명보다 낮고, 2011년 대비 2021년에 대폭 감소했으므로 의료 수준이 좋음을 쉽게 알 수 있음.
(회피 가능 사망률: 적절한 치료를 받았을 때 사망을 피할 수 있었던 사람의 비율)

2020년 15세 이상 인구가 매일 담배와 술을 소비하는 비율은 OECD 평균과 비슷하고, 몸무게가 정상보다 많이 나가거나 몸속에 지방이 많은 인구의 비율은 OECD 평균보다 20.9% 낮다.

＊경상 의료비: 보건 의료 영역에서 국민 전체가 1년 동안 지출한 비용의 총액

• 스마트폰으로 자신의 고향 나라 보건 통계(기대 수명, 의사 수, 침상 수, 흡연율 등)를 조사하여 한국의 보건 통계와 비교해 봅시다.

제 2부

한국의 문화와 교육

다음은 많은 한국인이 함께 즐기는 문화입니다.
여러분도 경험해 본 적이 있습니까?

CHAPTER
05

한국의 대중문화

이 단원을 배우고 나면

· 한국 대중문화의 특징을 설명할 수 있다.
· 세계 속의 한국 대중문화를 설명할 수 있다.

1 한국의 문화와 교육

한국의 대중문화는 어떤 모습일까?

대중음악

한국의 대중음악은 트로트, 록, 발라드, 댄스, 힙합 등 다양하다. 디지털 음원 시장이 커지고 인터넷이 발달하면서 한국의 대중음악은 한국인뿐 아니라 수많은 세계인이 함께 즐기고 있다.

1980년대: 대학가요제를 통해 가수로 데뷔하는 경우가 많았다.

1990년대: 대중가요가 전성기를 이루며 국민 가수가 많이 등장했다.

2000년대 이후: 다양한 나라 출신으로 이루어진 아이돌 그룹이 세계적인 인기를 끄는 경우가 많아졌다. (출처: 연합뉴스)

＊국민 가수: 전 국민의 사랑을 받는 가수

스포츠 관람

한국 사람들은 스포츠 관람을 즐긴다. 특히 프로 야구는 어린이부터 노년에 이르기까지 각자 응원하는 팀이 있을 정도로 인기가 높다. 봄부터 가을까지는 프로 야구와 프로 축구 관람을 많이 하고, 가을과 겨울에는 프로 농구와 프로 배구 관람을 즐기는 사람들이 많다.

응원 도구를 이용해 함께 응원한다.

야구장에서 음식을 즐기며 응원한다.

(출처: 연합뉴스)

지역 스포츠 구단에서는 연고 지역 학생을 초대하는 행사를 개최하여 스포츠에 대한 관심을 높이기도 한다.

(출처: 대전일보)

영화와 드라마

한국 사람들은 영화와 드라마를 좋아한다. 명절 등의 휴일이나 주말 무렵 새로운 영화들이 개봉되고 그에 맞추어 많은 관객이 영화관을 찾는다. TV에서는 여러 채널을 통해 다양한 소재의 드라마가 방영된다. 특히 최근에는 OTT 서비스[*]의 확대로 해외 시청자의 접근성이 크게 증가하였다.

* OTT 서비스: 인터넷을 통해 영화, 방송, 교육 프로그램 등 다양한 미디어 콘텐츠를 제공하는 서비스

한국 드라마

한국 영화

 알아두면 좋아요 매달 마지막 주 수요일, 문화 혜택이 쏟아진다

영화	- 전국 주요 영화관 할인 - 일정 시간대에 영화 요금 할인	공연	- 연극 · 뮤지컬 · 무용 등 공연 할인 - 특별 프로그램 운영	전시	- 공공 미술관 등 주요 전시시설 무료 및 할인, 연장 개관
도서관	- 도서 대출 권수 확대 - 특별 프로그램 운영	문화재	경복궁 · 창덕궁 · 창경궁 · 덕수궁 · 종묘 등 무료 개방	스포츠	- 프로 스포츠 할인 및 특별 이벤트

매달 마지막 주 수요일은 '문화가 있는 날'이다. 전국의 주요 국 · 공립 박물관, 미술관, 고궁은 무료 관람이 가능하고, 주요 관람 시설에서는 요금을 할인해 준다.

(인터넷 검색창에 '문화가 있는 날' 검색)

세계 속의 한국 문화는 어떤 모습일까?

한류의 과거와 현재

한류란 한국의 대중문화가 해외에서 유행하는 것을 말한다. 1990~2000년대 중반까지는 대체로 아시아를 중심으로 한국의 대중음악과 드라마가 인기를 끌었다. 그런데 최근에는 그 범위가 크게 확대되었다. 음악이나 드라마뿐 아니라 음식, 패션, 웹툰, 영화, 화장품 등 다양한 한국 문화가 아시아를 넘어 전 세계에 널리 알려져 수많은 외국인에게 사랑을 받고 있다.

K-POP

K-뷰티

K-패션

K-웹툰

K-푸드

한류의 확대

인터넷을 통해 대중문화의 확산 범위가 넓어짐에 따라 아이돌 그룹이 사용하는 뷰티 제품, 무대 의상에 쓰인 한복이나 드라마에서 볼 수 있는 음식과 요리법, 생활 양식과 같이 한류가 유행하는 범위가 점차 확대되고 있다. 또한 전 세계적으로 코로나19가 유행하는 상황에서 한국의 방역 시스템이 세계 각국에 모범 사례로 소개되기도 하였다. 이처럼 매체와 관련한 대중문화 이외에도 방역 시스템과 같이 우수한 의료 기술, 국악, 한복, 한글 등 한국의 다양한 문화가 세계에 널리 알려지고 있다.

세계 속의 한국 전통문화 교육

세계 속의 태권도

한복의 변신

국가 간 문화 교류

한국의 음식 홍보

한글과 패션의 만남

(출처: 연합뉴스)

 알아두면 좋아요 인천국제공항에서 즐기는 한국의 전통문화

인천국제공항에서는 한국을 방문하는 외국인 관광객에게 한국의 전통문화를 알리기 위해 다양한 행사를 운영하고 있다.

전통문화 체험

궁중 왕실 공연

국악 공연

수문장 교대식[*]

*수문장 교대식: 조선 시대 궁궐을 지키던 군사들의 교대 의식

체험 장소 및 운영 시간 안내: http://www.chf.or.kr/chf 한국문화재단 누리집〉행사〉공항 행사

내용 정리하기

01 관련 있는 내용을 서로 연결해 보세요.

 •

 •

 •

 •

• K-POP

• K-패션

• K-뷰티

• K-웹툰

02 맞으면 O표, 틀리면 X표를 해 보세요.

한국의 대중음악은 트로트, 록, 발라드, 댄스, 힙합 등으로 다양하다.

한국 사람들은 스포츠 관람을 즐긴다.

한국에서는 주로 주말에만 영화관에서 영화를 볼 수 있다.

2000년대 이후 다양한 나라 출신으로 이루어진 아이돌 그룹이 세계적인 인기를 끌고 있다.

03 빈칸에 알맞은 말을 써 보세요.

- 한국 사람들은 스포츠 관람을 즐긴다. 봄부터 가을까지는 프로 야구와 프로 축구 관람을 많이 하고, 가을과 겨울에는 (   )와 (   ) 관람을 즐기는 사람들이 많다.
- (   )란 한국의 대중문화가 해외에서 유행하는 것을 말한다.

🎒 함께 이야기 나누기　한국의 영화와 드라마

• 여러분은 한국의 영화나 드라마를 본 적이 있습니까? 이야기를 나누어 보세요.

가장 재미있게 본 영화나 드라마는 무엇입니까? 어떤 점에서 재미있었습니까?

그 영화나 드라마의 별점을 색칠해서 점수를 매겨 보세요. (5점 만점)
☆ ☆ ☆ ☆ ☆

그 영화나 드라마를 어떻게 알게 되었습니까?

가장 기억에 남는 장면은 무엇입니까?

한국의 영화나 드라마는 어떤 특징이 있다고 생각합니까?

다음은 한국 사람들이 휴식을 즐기는 모습입니다. 여러분은 무엇을 하며 휴식합니까?

CHAPTER
06

휴식이 있는 삶

이 단원을 배우고 나면

• 한국인의 여가 생활은 어떤 특징이 있는지 설명할 수 있다.
• 한국에는 계절별, 지역별로 어떤 즐길 거리가 있는지 조사할 수 있다.

한국인은 여가를 어떻게 보낼까?

재충전의 시간

한국인은 일을 하고 남는 시간에 주로 TV 시청, 인터넷, 대화, 산책, 게임 등을 한다. 평일에는 평균적으로 약 3.7시간, 주말에는 약 5.5시간을 여가 시간으로 보낸다. 최근에는 일과 삶의 균형을 중요하게 생각하는 사람이 늘어나면서 여가의 중요성이 더욱 높아지고 있다.

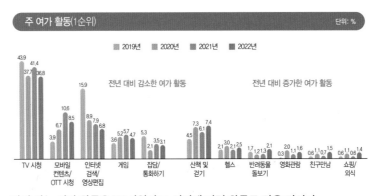

많이 하는 여가 활동은 TV 시청이고, 인터넷 관련 활동도 많은 편이다.

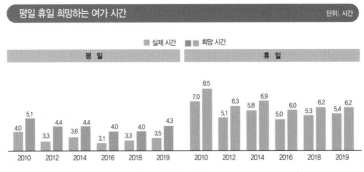

여가 시간이 부족하다고 생각하는 사람이 많다.

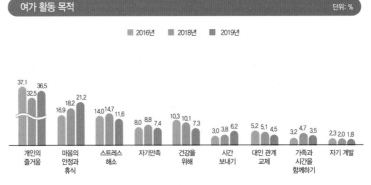

개인의 즐거움을 위해서 여가 활동을 하는 사람이 가장 많다.

(출처: 문화체육관광부, 「국민여가활동조사」 2022)

휴가

한국에서 가장 무더운 시기인 7월과 8월에는 많은 한국인이 일상에서 벗어나 국내나 해외로 휴가를 떠난다. 이 시기에는 항공료와 숙박비가 다른 때보다 비싼 편이다. 과거에는 몇몇 특정 지역의 유명 관광지나 해수욕장에 사람들이 몰렸지만, 요즘은 인터넷이나 SNS를 통해 자신에게 맞는 여행지를 찾아 떠나는 새로운 방식의 휴가도 증가하고 있다.

(출처: 한국관광공사, 2020)

 알아두면 좋아요 캠핑을 떠난다면, 나에게 맞는 캠핑 방식은 무엇일까?

오토 캠핑: 캠핑에 필요한 용품은 개인이 직접 준비하고, 텐트를 설치할 공간만 빌려 캠핑을 즐긴다.

글램핑: 텐트와 캠핑 용품을 모두 빌려 캠핑을 즐긴다.

카라반: 텐트 대신 자동차로 끌고 다니는 이동식 주택 안에서 특별한 캠핑을 한다.

차박: 원하는 장소에 자신의 차를 세우고 캠핑을 한다.

한국에서 즐길 거리는 무엇이 있을까?

2 한국의 문화와 교육

계절별 축제

한국은 삼면이 바다로 둘러싸여 있고 국토의 65% 정도가 산지이며 사계절이 있어서 1년 내내 즐길 거리가 많다. 봄에는 꽃놀이를 즐기고 여름에는 산과 바다로 휴가를 떠난다. 가을에는 단풍놀이를 하고 겨울에는 스키를 타거나 얼음 위에서 낚시를 즐긴다.

봄

논산 딸기 축제

경북 의성 산수유 축제

전남 광양 매화 축제

여름

전남 장흥 물 축제

충남 보령 머드 축제

부산 해운대 해수욕장

가을

충북 속리산 단풍 축제

여의도 불꽃 축제

경기 이천 쌀 문화 축제

겨울

공공 스케이트장 (서울광장)

강원 평창 스키장

제주 동백 축제

지역별 대표 음식

한국에는 지역에 따라 생산되는 맛있는 식재료가 많이 있다. 어느 지역이든 여행을 가면 그 지역에서 나는 식재료로 만든 음식을 맛볼 수 있다. 요즘은 지역별 대표 음식을 고속도로 휴게소에서도 즐길 수 있다.

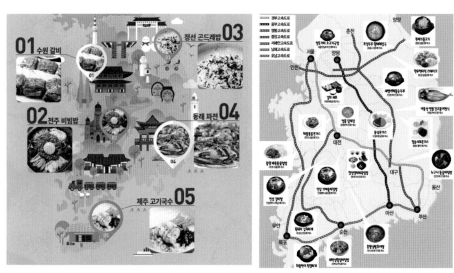

지역별 대표 음식과 고속도로 휴게소에서 맛볼 수 있는 유명 음식

 알아두면 좋아요 함께 떠나요! 시티 투어!

한국에는 시티 투어를 운영하고 있는 지역이 많다.
시티 투어를 이용하면 버스를 타고 이동하면서
그 지역의 유명한 장소를 편하게 돌아볼 수 있다.

Q : 이용 요금을 알고 싶어요.

A : 원하는 코스의 이용권을 구매하거나 24시간 안에 모든 코스를
자유롭게 여행할 수 있는 이용권을 구매할 수도 있어요. 자세한
요금은 각 지역의 시티 투어 누리집을 참고하세요.

Q : 버스 안에 관광 가이드가 있나요?

A : 영어, 중국어 등 오디오 통역 서비스를 운영하는 버스가 많아요.

내용 정리하기

01 관련 있는 내용을 서로 연결해 보세요.

봄 ●   ● 단풍놀이

여름 ●   ● 꽃놀이

가을 ●   ● 해수욕

겨울 ●   ● 스키

02 맞으면 O표, 틀리면 X표를 해 보세요.

한국인이 여가 시간에 가장 많이 하는 활동은 TV 시청이다.

한국인은 여가 시간이 충분하다고 생각한다.

한국인이 여가 활동을 하는 가장 큰 목적은 자신의 건강을 위해서다.

무더운 7월과 8월은 대다수 한국인의 여름 휴가 기간으로 항공료나 숙박비가 싸다.

03 빈칸에 알맞은 말을 써 보세요.

- 한국은 사계절이 있어 1년 내내 즐길 거리가 많다. (   )에는 꽃놀이를 즐기고, (   )에는 산과 바다로 휴가를 떠난다. (   )에는 단풍놀이를, (   )에는 스키를 타거나 얼음 위에서 낚시를 즐긴다.
- 지역별 대표 음식을 고속도로 (   )에서도 맛볼 수 있다.

함께 이야기 나누기　여러분은 여가 시간에 무엇을 합니까?

• 주위 사람들과 여가 생활에 대해 이야기를 나누어 보세요.

누구　　여가 생활	무엇을 하나요?			
나				

• 한국에서 가 보고 싶은 여행지와 그 이유를 써 보세요.
　(또는 한국에서 가 보았던 여행지를 추천하고, 그 이유를 써 보세요.)

1위 여행지　　　　　　이유

2위 여행지　　　　　　이유

3위 여행지　　　　　　이유

다음은 한국의 어린이들과 학생들이 공부하는 모습입니다.

여러분 주변에 어린이집이나 유치원, 학교에 다니는 어린이 또는 청소년이 있습니까?

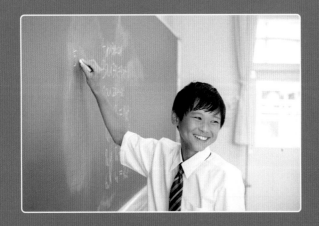

CHAPTER 07

한국의 보육과 학교 교육

이 단원을 배우고 나면

- 한국 보육 서비스의 특징을 설명할 수 있다.
- 한국 학교 교육의 특징을 설명할 수 있다.

한국의 보육 제도는 어떤 모습일까?

보육 기관의 종류와 이용 방법

어린이집과 유치원은 초등학교 입학 전의 아이들을 돌보고 교육하는 곳이다. 태어나서부터 초등학교 입학 전까지 어린이집을 계속 이용할 수 있고 3세 이후에는 유치원으로 옮길 수 있다. 3세부터 5세까지는 어린이집과 유치원 구분 없이 '누리 과정'이라는 공통 교육 과정을 운영한다.

교사 1명이 담당할 수 있는 어린이 수가 정해져 있다. (출처: 연합뉴스)

누리 과정 놀이 활동을 통해 친구들과 함께 다양한 경험을 한다.

정부는 '평가인증제도'를 통해 어린이집의 질을 관리한다.

어린이집의 기본보육은 보통 9시~16시까지이고, 유치원은 대부분 오전 9시~오후 2시까지 운영한다. 그러나 맞벌이 가정 자녀 등 돌봄이 필요한 어린이를 대상으로는 좀 더 이른 아침 시간부터 늦은 저녁 시간까지 연장 운영을 하기도 한다. (연장 보육은 19:30까지, 종일 보육은 상황별)

1년에 1~2회 정도 부모가 참여하는 수업을 실시한다.

어린이의 가족을 초대하여 발표회를 열기도 한다.
(출처: 연합뉴스)

다양한 보육 서비스

요즘 한국은 아이를 많이 낳지 않는 추세이지만, 자녀 수가 적다고 하더라도 부모들의 자녀 양육에 대한 부담은 적지 않다. 이러한 부담을 줄이기 위해 한국에서는 아이의 환경에 맞추어 여러 가지 보육 서비스를 제공하고 있다. 어린아이가 있는 부모는 주소지와 관계없이 전국 어디서나 가까운 행정 복지 센터를 방문하면 보육료나 양육 수당 등의 지원을 신청할 수 있다.

영유아 보육료	양육 수당
어린이집을 이용하는 0세부터 5세까지의 어린이에 대한 보육료 지원	어린이집, 유치원을 이용하지 않는 어린이에 대한 수당 지원

보육 서비스

유아 학비	아이 돌봄 서비스
유치원을 이용하는 어린이의 교육비 지원	맞벌이 가정 등의 12세 이하 자녀 대상으로 아이 돌보미가 돌봄 서비스를 제공

💡 **알아두면 좋아요** 유치원에서도 다문화 교육이 이루어진다

(출처: 연합뉴스)

Q : 다문화 유치원이 무엇인가요?
A : 다문화 유아를 위한 언어 지원 등 맞춤형 교육을 제공하는 유치원이에요.
Q : 다문화 유아만 다니는 유치원인가요?
A : 아니에요. 모든 유아가 함께 다니는 유치원으로 다문화 이해 교육 프로그램을 통해서 서로를 이해하고 존중하는 교육이 함께 이루어져요.
Q : 다문화 유아를 위한 언어 지원은 어떻게 받게 되나요?
A : 현재 유아의 언어 능력을 평가한 후 담임 교사 및 외부 강사를 통해 맞춤형 개별 언어 교육을 받게 돼요.

2 한국의 학교 교육 제도는 어떤 모습일까?

한국의 교육 제도와 교육 과정

한국의 초중고 학교 교육은 초등학교 6년, 중학교 3년, 고등학교 3년으로 이루어져 있다. 초등학교부터 중학교까지는 의무 교육이다. 1년에 2개 학기가 있는데 1학기를 마치면 여름방학을, 2학기를 마치면 겨울방학을 보낸다. 고등학교 과정을 마친 학생은 자신의 필요에 따라 대학에 진학하여 공부할 수 있다.

한국 학교의 학기와 방학(예시)

3월	4월	5월	6월	7월	8월	9월	10월	11월	12월	1월	2월
1학기					여름방학	2학기				겨울방학	

초등 교육

아이의 나이가 6세가 되면 초등학교에 입학한다. 국적이나 체류 자격에 관계없이 누구나 입학이 가능하다. 초등학교에서는 기초적인 학습 능력과 올바른 생활 습관을 기르는 것을 목표로 한다.

학교 일과(예시)	
1교시	09:00~09:40
2교시	09:50~10:30
3교시	10:40~11:20
4교시	11:30~12:10
점심 식사	12:10~13:10
5교시	13:10~13:50
6교시	14:00~14:40

9시(또는 9시 10분)에 수업이 시작되고,
학교를 마치는 시각은 학년별로 다르다.

교과 학습

정보 통신 교육

학교 스포츠 활동

무상으로 제공되는 급식

중등 교육

초등학교를 졸업하면 대부분 집에서 가까운 중학교로 진학한다. 중학교에서는 기본적인 학습 및 생활 능력과 민주 시민의 자질을 기르는 것을 목표로 한다.

중학교 과정을 마친 학생은 고등학교에 진학하여 대학 진학 또는 취업을 준비한다. 학생의 적성에 따라 일반 고등학교, 특수 목적 고등학교, 특성화 고등학교, 자율 고등학교 등에 진학할 수 있다. 학생 선발 방법은 지역별·학교 유형별로 다르다.

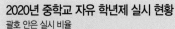

2020년 중학교 자유 학년제 실시 현황
괄호 안은 실시 비율

전면 실시	서울 대구 인천 광주 울산 세종 경기 강원 충북 충남 전남 경북 경남 (100%)
자율 실시	부산(95.9%) 전북(73.7%) 대전(67.0%) 제주(33.3%)

중학교에서는 1년 동안 시험 부담 없이 학생의 적성과 진로 탐색에 도움을 주는 '자유 학년제'를 운영하고 있다.

대학 진학을 목표로 교육하는 일반 고등학교

과학, 예술 등의 전문 교육을 하는 특수 목적 고등학교

전문 직업인을 기르는 특성화 고등학교

교육 과정과 학생 선발에 자율성을 갖는 자율 고등학교

 알아두면 좋아요 한국어가 좀 서투르면 어때요? 선생님과 즐겁게 배워요

Q : 아이가 한국어를 잘 못하는데 학교에서 한국어를 배울 수 있나요?

A : 교육부에서는 입국 초기 다문화 가정 학생들의 언어 및 학습을 지원하기 위해 학교 안에 한국어 학급을 설치하여 운영하고 있어요.

Q : 아이가 다닐 학교에 한국어 학급이 없다면 어떻게 해야 하나요?

A : 지역 다문화 교육 지원 센터(시·도 교육청)에 연락하면 한국어 강사가 학교를 찾아가는 등 필요한 도움을 받을 수 있어요.

내용 정리하기

01 관련 있는 내용을 서로 연결해 보세요.

어린이집 ●   ● 0세부터 초등학교 입학 전까지 이용한다.

유치원 ●   ● 3세부터 초등학교 입학 전까지 이용한다.

누리 과정 ●   ● 보육의 질을 관리하기 위해 정부에서 실시한다.

평가 인증 ●   ● 3~5세의 어린이를 위한 공통 교육 과정이다.

02 맞으면 O표, 틀리면 X표를 해 보세요.

한국에서 초등학교부터 고등학교까지는 의무 교육 기간이다.		
일반적으로 한국 학교의 여름방학은 겨울방학보다 길다.		
한국에서는 국적이나 체류 조건과 관계없이 초등학교 입학이 가능하다.		
한국에서는 초등학교를 졸업하면 시험을 치르고 원하는 중학교에 입학한다.		

03 빈칸에 알맞은 말을 써 보세요.

> • 한국에서는 부모의 육아 부담을 줄여 주기 위해 여러 가지 (　　　　　) 서비스를 제공하고 있다.
> • 한국의 초중고 학교 교육은 초등학교 (　　)년, 중학교 (　　)년, 고등학교 (　　)년으로 구성되어 있다.

함께 이야기 나누기 한국의 입시 풍경

• 한국의 대학수학능력시험(수능) 날의 모습이에요. 이 모습을 보면 어떤 생각이 드는지 이야기를 나누어 보세요.

후배들의 합격 기원 응원 (출처: 연합뉴스)

합격을 기원하는 부모 (출처: 연합뉴스)

수험생을 태워 주는 경찰 (출처: 연합뉴스)

듣기 평가 시간에 비행기 이착륙 금지

• 자신의 고향 나라에서 국가적으로 중요한 시험이 있는 날에 볼 수 있는 모습을 소개해 보세요.

다음은 한국의 고등 교육과 평생 교육의 모습입니다.
자신의 고향 나라와 비슷한 점이 있습니까?

(출처: 연합뉴스)

한국의 대학과 평생 교육

이 단원을 배우고 나면

• 한국 대학 교육의 특징을 설명할 수 있다.
• 한국 평생 교육의 특징을 설명할 수 있다.

한국의 대학 교육은 어떤 모습일까?

한국의
문화와 교육

대학과 대학원

한국의 최고 교육 기관은 대학이다. 대학은 4년제, 전문 대학은 2~3년제로 운영된다. 대학에서는 전공 공부를 하며, 대학을 마치고 더 많은 공부가 필요한 사람은 대학원에 진학하여 석사나 박사 학위를 딸 수 있다. 전문 대학에서는 직업과 관련된 실용적이고 전문적인 기술을 주로 배운다.

대학교에서 다양한 전공 공부를 하는 모습 (출처: 연합뉴스)

한국의 대학 진학률은 약 70%다. 요즘은 고등학교 졸업 후 대학에 가는 대신 취업이나 창업을 하는 사례도 늘고 있다. 그러나 좋은 직장을 구하기 위해서는 대학을 졸업하는 것이 유리하다는 사회적 인식이 여전히 높은 편이다.

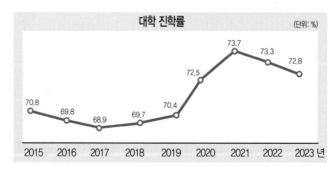

대학 진학률 (단위: %)

70.8   69.8   68.9   69.7   70.4   72.5   73.7   73.3   72.8
2015 2016 2017 2018 2019 2020 2021 2022 2023 년

(출처: 교육부, 2023)

학업과 자기 계발

대학에 입학하면 신입생 오리엔테이션을 통해 선배와 인사를 나누고 학교에 대한 다양한 정보를 얻는다. 새 학기가 시작되면 대학생들은 학과 수업 이외에 친목 여행(MT), 동아리 활동, 국내외 봉사 활동 등에도 참여한다. 요즘은 전공 공부뿐만 아니라 자기 계발을 위해 각종 자격증을 따거나 어학 공부를 하는 학생들도 많다.

신입생 오리엔테이션(OT)

학과 수업

친목 여행(MT)

동아리 활동

해외 봉사 활동

자기 계발 활동

(출처: 연합뉴스)

 알아두면 좋아요 대학생 언니, 오빠와 공부하는 시간이 기다려져요

"언니가 우리 학교에 오는 금요일이 제일 기다려져요. 언니는 공부도 쉽게 가르쳐 주고, 고민도 잘 들어줘요."

(멘티 초등학생 H)

"멘토링을 통해 다문화 가정 학생들의 학습도 돕고, 다양한 문화 체험의 기회도 줄 수 있어서 보람을 느꼈어요."

(멘토 대학생 K)

한국장학재단에서는 대학생과 다문화 가정 학생을 연결하여 학생의 학교 적응과 기초 학습을 지원하는 대학생 멘토링 제도를 운영하고 있다. 여기에는 많은 대학과 초중고 학교가 참여하고 있다.

한국의 평생 교육은 어떤 모습일까?

한국의
문화와 교육

모두를 위한 평생 교육

요즘은 공부에 나이가 따로 없다는 말을 많이 한다. 초중고 학생이나 대학생만 공부하는 것이 아니라 직장인, 주부, 노인 중에도 공부를 계속하는 사람이 많다. 이처럼 삶의 모든 기간 동안 자신의 관심이나 필요에 따라 공부를 계속하는 것을 평생 교육이라고 한다. 평생 교육에는 글 읽기, 글쓰기, 직업 기술, 문화 예술 등 매우 다양하다.

(출처: 연합뉴스)

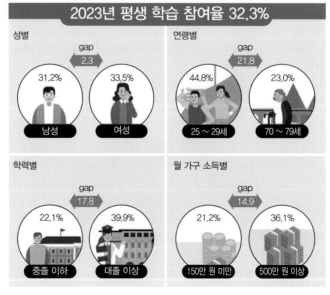

(출처: 한국교육개발원, 2023)

평생 교육 기관

국가평생교육진흥원에서는 국민의 평생 교육이 더 확대될 수 있도록 평생 교육 기본 계획을 세우고 프로그램 개발을 지원하고 있다. 이러한 계획에 따라 가까운 행정 복지 센터, 도서관, 박물관, 문화 센터 등에서 다양한 내용과 방법의 평생 교육이 실시되고 있다.

평생 교육 바우처: 19세 이상의 성인 중 일정 소득 수준 이하의 사람들을 대상으로 정부가 제공하는 평생 교육 이용권이다.

평생 학습 계좌: 학습 이력을 등록하고 관리하여 학력 취득(검정고시 과목 면제 등), 사회 참여, 취업 자료 등으로 활용할 수 있다.

유형	운영 내용
유치원	– 다문화 유아의 언어 발달 지원 – 전체 유아 및 학부모 대상 다문화 교육 운영
초·중등	– 다문화 교육 및 세계 시민 교육 운영 – 다문화 프로젝트 수업 실시
한국어학급 (유·초 ·중등)	– 중도 입국·외국인 학생을 위한 한국어 교육 운영

다문화 교육 정책 학교 운영

이중 언어 교재 발간

 알아두면 좋아요 **외국인도 학점 은행제를 이용할 수 있을까요?**

- 학점 은행제란 대학에 진학하지 않아도 인정된 학습 기관에서 일정 시간 교육을 받아 학점을 인정받으면 학위를 취득할 수 있는 제도이다.
- 국내에 거주하는 외국인에 한하여 국내 거주 사실을 증명할 수 있는 서류를 제출할 경우 등록이 가능하다.
- 학점 취득이 가능한 학력(초등교육법 시행령에 의한 12년 이상의 교육 과정 이수)으로 국가평생교육진흥원에서 인정될 경우 가능하다.

※ 문의: 국가평생교육진흥원(https://www.cb.or.kr/creditbank/base/nMain.do)
※ 상담전화: 1600-0400

내용 정리하기

01 관련 있는 내용을 서로 연결해 보세요.

전문 대학 ●　　　　　　　　　　　　　● 석박사 학위를 받을 수 있다.

대학원 ●　　　　　　　　　　　　　● 실용적이고 전문적인 기술을 주로 배운다.

평생 교육 ●　　　　　　　　　　　　　● 삶의 모든 기간에 걸쳐 이루어지는 교육이다.

02 맞으면 O표, 틀리면 X표를 해 보세요.

| 한국의 대학은 모두 4년제이다. | | 한국의 대학 진학률은 해마다 증가하고 있다. | |
| 한국에서 실시되는 평생 교육의 주요 대상은 노인이다. | | 평생 교육은 가까운 지역 사회 기관을 통해 받을 수 있다. | |

03 빈칸에 알맞은 말을 써 보세요.

- 한국의 대학은 (　　　　　)년제, 전문 대학은 (　　~　　)년제로 운영된다.
- 삶의 모든 기간에 걸쳐 자신의 관심이나 필요에 따라 (　　　　　)을 받는 사람이 많다.

함께 이야기 나누기 여러분이 한국에서 더 배우고 싶은 것은 무엇입니까?

• 한국교육개발원에서 발간한 『2023 한국 성인의 평생 학습 실태』 분석에 따르면 앞으로 배우고 싶은 평생 교육 분야로 '스포츠 강좌'가 1위를 차지했어요.

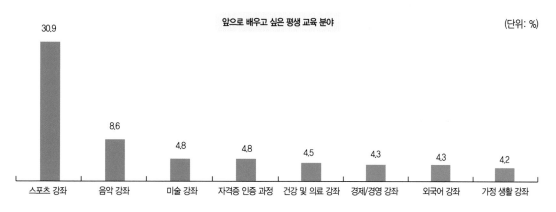

앞으로 배우고 싶은 평생 교육 분야   (단위: %)

30.9 스포츠 강좌
8.6 음악 강좌
4.8 미술 강좌
4.8 자격증 인증 과정
4.5 건강 및 의료 강좌
4.3 경제/경영 강좌
4.3 외국어 강좌
4.2 가정 생활 강좌

(출처: 한국교육개발원, 2023)

배우고 싶은 것	그 이유

대단원 내용 정리

■ 〈보기〉에서 알맞은 것을 골라 빈칸에 써 보세요.

● 보기 ●

스포츠	사계절	어린이집	TV 시청	자기 계발
평생 교육	3	한류	6	바다

05

한국의 대중문화

- 한국의 대중음악은 트로트, 록, 발라드, 댄스, 힙합 등 다양하다. 한국 사람들은 (   ) 관람과 영화와 드라마를 즐긴다.
- (   )란 한국의 대중문화가 해외에서 유행하는 것을 말하며 최근에는 한국의 음악, 패션, 음식, 웹툰 등 다양한 문화가 인기를 얻고 있다.

06

휴식이 있는 삶

- 한국인은 일을 하고 남는 시간에 주로 (   ), 인터넷, 대화, 산책, 게임 등을 한다.
- 한국은 삼면이 (   )로 둘러싸여 있고, 국토의 65% 정도가 산지이며 (   )이 있어 일년 내내 즐길 거리가 많다.

07

한국의 보육과 학교 교육

- (   )과 유치원은 초등학교 입학 전의 아이들을 돌보고 교육하는 곳이다.
- 한국의 교육 과정은 초등학교 (   )년, 중학교 (   )년, 고등학교 3년, 대학교 4년(전문 대학은 2~3년)으로 이루어져 있다.

08

한국의 대학과 평생 교육

- 대학에서는 학과 수업 이외에 전공 친목 여행, 동아리 활동, 해외 봉사 활동 등을 한다. 요즘은 (   )을 위해 자격증을 따거나 어학 공부를 하는 학생들도 많다.
- 삶의 모든 기간 동안 자신의 관심이나 필요에 따라 공부를 계속하는 것을 (   )이라고 한다.

스스로 해결하기   가로세로 낱말 퍼즐

• 가로와 세로에 제시된 설명을 읽고, 낱말 퍼즐을 완성해 봅시다.

		①			라④		
가							
		⑤					
다	③				나②		

가로

㉮ 한국 사람들은 영화를 컴퓨터나 ○○○폰을 이용하여 감상한다.

㉯ 무더운 7월 말부터 8월 초까지 많은 사람들이 잠시 일을 쉬고 ○○를 떠난다.

㉰ 중학교 1학년 과정으로 다양한 체험을 통한 진로 교육이 집중적으로 이루어진다.

㉱ 나이나 상황에 관계없이 본인이 관심 있거나 필요한 분야에 대해 공부를 계속하는 것을 ○○○○이라 한다.

세로

① 한국 사람들은 영화와 ○○○를 좋아한다. 과거에는 가족들이 TV 앞에 모여 ○○○를 즐겼다.

② 지역별 대표 음식을 고속도로 ○○○에서 맛볼 수 있다.

③ 초등학교에 입학하기 선 3세부터의 아이들을 돌보고 교육하는 곳이다.

④ 어린이집 보육의 질을 관리하기 위해 정부에서 ○○○○제도를 운영하고 있다.

⑤ 한국의 최고 교육 기관이다.

스스로 탐구하기 전국 방방곡곡, 볼거리! 먹거리! 즐길 거리!

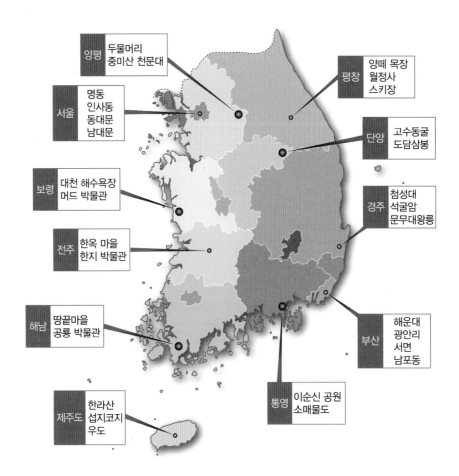

• 여러분이 방문하고 싶은 지역과 대표 음식, 하고 싶은 것을 인터넷 검색을 통해 알아보세요.

• 방문하고 싶은 지역 : _____

• 지역의 대표 음식   : _____

• 하고 싶은 것   : _____

_____

스스로 평가하기

01 1. 〈보기〉에서 한국 대중문화의 특징에 대한 옳은 설명을 모두 고른 것은? (   )

● 보기 ●

ㄱ. 대중음악은 트로트, 록, 발라드, 댄스, 힙합 등 다양하다.

ㄴ. 프로 야구, 프로 배구, 프로 축구, 프로 농구 등 스포츠 관람을 즐긴다.

ㄷ. 한류란 동아시아 지역에서만 한국의 대중문화가 유행하는 현상을 말한다.

ㄹ. 컴퓨터나 스마트폰의 보급으로 극장에서 영화를 보는 사람은 거의 없다.

① ㄱ, ㄴ   ② ㄱ, ㄷ   ③ ㄴ, ㄷ   ④ ㄴ, ㄹ

02 한국의 계절별 즐길 거리에 대한 설명으로 옳지 <u>않은</u> 것은? (   )

① 봄에는 꽃놀이를 즐긴다.

② 여름에는 산과 바다에서 휴가를 즐긴다.

③ 가을에는 머드 축제와 해수욕을 즐긴다.

④ 겨울에는 스키를 타거나 얼음 위에서 낚시를 즐긴다.

03 다음 설명하는 한국의 교육 기관의 명칭으로 옳은 것은? (   )

6세가 되면 국적이나 체류 자격에 관계없이 누구나 입학이 가능하다. 교육 목표는 기초 학습 및 생활 습관의 형성, 바른 인성을 기르는 것이다.

① 어린이집   ② 유치원   ③ 초등학교   ④ 중학교

04 다음 설명하는 기관의 명칭으로 옳은 것은? (   )

한국의 평생 교육 전문 기관이다. 이곳에서는 국민의 평생 교육이 더 확대될 수 있도록 평생 교육 기본 계획을 세우고, 프로그램 개발을 지원하고 있다.

① 대학   ② 대학원   ③ 한국장학재단   ④ 국가평생교육진흥원

다양성을 존중하는 유치원, 학교   #대안 교육 #사회적 협동조합 #다문화 #다양성

학생과 학부모의 다양한 요구에 따라 보육·교육 기관의 모습도 변해 가고 있다. 최근에는 아이를 믿고 맡길 수 있는 유치원을 부모들이 스스로 만들기도 하고, 학교 제도에서 벗어나 자신의 적성과 꿈을 찾아 대안 교육을 선택하는 사람들도 많아지고 있다.

협동조합 유치원

학부모들이 스스로 모여 조직을 만들고 유치원 설립과 운영에 직접 참여한다. 유치원에 필요한 교사를 채용하고, 운영 규칙도 함께 만들어 가는 공동육아 방식을 취하고 있다. 내 아이만 키우는 것이 아니라 모든 아이를 함께 키우자는 목표로 놀이 활동과 생태 교육을 중점적으로 운영한다. 학부모는 유치원의 주요 구성원으로서 반 모임, 운영 위원회, 부모 교사 활동 등을 통해 교육 활동에 적극적으로 참여한다.

(출처: 연합뉴스)

· 이런 점이 좋아요 ·

학부모의 책임감과 참여도가 높다.	유치원 운영비가 목적에 맞게 사용되는지 공개된다.	아이를 함께 키운다는 마음으로 하나가 될 수 있다.

대안 학교

일반적인 학교 교육의 한계에서 벗어나 학습자 중심의 자율적인 교육 과정을 운영하는 학교이다. 학력을 인정받을 수 있는 학교와 그렇지 않은 학교가 있다. 아래는 학력을 인정받을 수 있는 대안 학교의 예이다(2020.1.기준).

서울다솜관광고등학교

다문화 청소년을 위한 고등학교 학력 인정 공립 대안 학교로 직업 교육과 한국어 교육을 중점으로 운영한다.

인천한누리학교

초중고 통합 기숙형 공립 다문화 대안 학교로 약 20개국의 학생들이 재학하고 있다.

강원노천초등학교

다양성 교육을 희망하는 학생과 경제, 사회, 가정적으로 어려운 학생들을 위한 치유 돌봄 교육을 병행하는 공립 대안 학교이다.

부산송정중학교

중학교 과정의 공립 대안 학교로 전교생이 기숙사 생활을 한다. 요리, 목공, 네일 아트, 작곡 등의 전문 교육을 받을 수 있다.

(출처: 각 학교)

• 자신의 고향 나라에도 한국의 대안 학교와 비슷한 교육 기관이 있다면 소개해 봅시다.

제3부

한국의 전통과 역사

다음은 한국의 다양한 가족의 모습입니다.

한국에서 많이 본 가족의 모습은 무엇입니까?

CHAPTER
09

가족과 공동체

이 단원을 배우고 나면

- 한국에서 가족이 갖는 의미와 변화하는 가족의 다양한 모습을 설명할 수 있다.
- 한국인의 공동체 의식과 그 특징을 설명할 수 있다.

한국의 가족은 어떤 모습일까?

가족의 의미

한국인은 개인의 행복 못지않게 가족의 행복을 소중하게 여기며 서로 긴밀하게 결합하여 있다. 가족에게 어려운 일이 생기면 서로 도우려고 하고, 명절이나 부모의 생일이 되면 멀리 떨어져 있던 가족도 한자리에 모이는 경우가 많다. 또한 자녀에 대한 부모의 사랑도 커서 많은 부모는 자녀가 좋은 교육을 받을 수 있도록 돕는다.

(출처: 한국보건사회연구원, 2020)

부모님의 생신에 한자리에 모인 가족들

손자 손녀에게로 이어지는 자식 사랑

변화하는 가족의 모습

과거에는 결혼한 자녀가 부모와 함께 사는 확대 가족이 많았지만, 요즘은 자녀가 결혼한 이후에 부모와 떨어져 사는 핵가족이 대부분이다. 남자 어른이 집안의 중심이던 확대 가족과 달리, 핵가족에서는 부부가 동등하게 서로 존중하고 의논하는 모습을 자주 보인다.

최근에는 결혼을 꼭 해야 한다고 생각하는 사람이 줄어들고 노인 인구가 증가하면서 1인 가구가 늘어나고 있다. 또한 다문화 가족, 한부모 가족, 재혼 가족, 자녀를 낳지 않는 부부 등과 같이 가족의 모습도 다양해지고 있다.

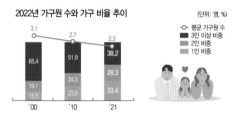

2021년 가구당 평균 가구원 수는 2.3명으로 2000년 대비 1인 가구 및 2인 가구의 비율은 커지고, 3인 이상 가구의 비율은 줄어들었다. (출처: 통계청, 2023)

혼자 밥 먹는 사람을 위한 1인 전문 식당 (출처: 연합뉴스)

 알아두면 좋아요 우리, 뭐라고 부를까요?

- 도련님, 서방님, 아가씨
  → 아이 이름을 넣어 'ㅇㅇ 삼촌, 고모'
- 친할머니, 외할아버지
  → 지역을 넣어 '광주 할아버지'
- 아랫사람이지만 나이가 많을 때
  → '-님'

(출처: 국립국어원, 2020)

한국은 가족을 부르는 호칭이 복잡하다. 남편과 아내의 가족을 부르는 호칭도 다르다. 예를 들어 남편의 남동생은 '도련님(미혼)'이나 '서방님(기혼)', 남편의 여동생은 '아가씨'라고 부르는데, 아내의 남동생은 '처남', 아내의 여동생은 '처제'라고 부른다. 아이들도 아버지의 어머니는 '친할머니', 어머니의 아버지는 '외할아버지' 등으로 아버지 가족과 어머니 가족을 구분해서 부른다. 이는 남성 중심적이었던 과거의 가족 관계의 영향을 받은 것으로, 남녀 차별적이라는 지적을 받아 왔다. 국립국어원에서는 이러한 남녀 차별적인 호칭을 개선하기 위해 새로운 호칭 사용을 권하고 있다.

가족을 넘어 공동체로

'나'보다 '우리'

한국인은 가족이 아니어도 가까운 관계라고 생각하면 '언니'나 '이모', '삼촌' 등으로 부르는 경우가 많다. 그리고 '우리 집', '우리 회사' 등과 같이 '우리'라는 말을 자연스럽게 사용한다. 이러한 표현 속에는 자신과 이야기를 나누는 상대방이나 자신이 속한 집단을 가깝게 생각한다는 의미가 들어 있다.

식당에서 음식 등을 주문할 때

집에 사람들을 초대했을 때

함께 사는 세상, 공동체

한국인은 사회에서 함께 살아가는 사람들, 즉 공동체를 중요하게 생각하는 데 이를 공동체 의식이라고 한다. 요즘은 과거에 비해 공동체 의식이 약해졌지만 여전히 다양한 모습으로 남아 있다. 한국인의 공동체 의식은 나라에 어려운 일이 생겼을 때 그것을 이겨 내는 과정에서 큰 힘을 보여 주기도 한다.

코로나19 유행 때 확산을 막기 위해 마스크 쓰기에 동참했던 사람들

기름으로 오염된 바다와 갯벌을 함께 청소하는 사람들

공동육아 나눔터

함께 사는 마을을 지키는 자율 방범대

월드컵, 올림픽 등의 스포츠 경기 단체 응원 (출처: 연합뉴스)

 알아두면 좋아요 다문화 공동체, 생각나무BB센터

서울에는 결혼 이주 여성들이 중심이 되어 만든 '생각나무BB센터'라는 다문화 공동체가 있다. 이 공동체에서 결혼 이주 여성들은 다양한 문화를 소개하고 체험할 수 있는 프로그램을 진행하고 있다. 예를 들어 자신의 고향 나라 언어를 알리고 고향 나라 문화와 관련된 책을 개발하기도 한다. 또한 고향 나라의 전통 옷을 입고 춤을 공연하거나 여러 나라 문화가 어우러진 다문화 축제를 열기도 한다. 서울 이외의 각 지역에도 생각나무BB센터와 유사한 다양한 다문화 공동체가 있으므로 원하는 사람은 자신이 사는 지역의 다문화 공동체에 참여할 수 있다.

내용 정리하기

01 관련 있는 내용을 서로 연결해 보세요.

　　●　　　　　　　　　●　1인 가구

　　●　　　　　　　　　●　확대가족

　　●　　　　　　　　　●　다문화 가족

02 맞으면 O표, 틀리면 X표를 해 보세요.

요즘에는 결혼을 꼭 해야 한다고 생각하는 사람이 늘어나면서 1인 가구가 줄어들고 있다.

한국인은 가족이 아니면 '언니', '이모', '삼촌'이라고 부르지 않는다.

다문화 가족, 한부모 가족, 재혼 가족 등 오늘날 가족의 모습이 다양해지고 있다.

'우리'라는 말에는 자신과 이야기를 나누는 상대방이나 자신이 속한 집단을 가깝게 생각한다는 의미가 들어 있다.

03 빈칸에 알맞은 말을 써 보세요.

- 요즘은 자녀가 결혼한 이후 부모와 떨어져 사는 (　　　　　)이 대부분이다.
- (　　　　　) 의식은 나라에 어려운 일이 생겼을 때 그것을 이겨 내는 과정에서 큰 힘을 보여 주기도 한다.

　결혼은 선택일까, 필수일까?

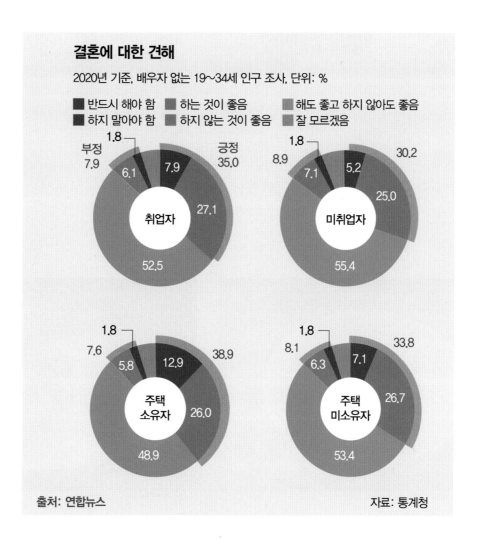

결혼에 대한 견해

2020년 기준, 배우자 없는 19~34세 인구 조사, 단위: %

■ 반드시 해야 함　■ 하는 것이 좋음　■ 해도 좋고 하지 않아도 좋음
■ 하지 말아야 함　■ 하지 않는 것이 좋음　■ 잘 모르겠음

취업자
부정 7.9 / 1.8 / 6.1 / 7.9 / 긍정 35.0 / 27.1 / 52.5

미취업자
8.9 / 1.8 / 7.1 / 5.2 / 30.2 / 25.0 / 55.4

주택 소유자
7.6 / 1.8 / 5.8 / 12.9 / 38.9 / 26.0 / 48.9

주택 미소유자
8.1 / 1.8 / 6.3 / 7.1 / 33.8 / 26.7 / 53.4

출처: 연합뉴스　　　　자료: 통계청

• 가족에 대한 한국인의 생각은 어떻게 변해 왔습니까?

• 가족에 대한 한국인의 생각은 자신의 고향 나라와 어떤 점이 비슷하고, 어떤 점이 다릅니까?

다음은 세계의 다양한 명절 음식입니다.

자신의 고향 나라에서는 명절에 무엇을 먹습니까?

한국 떡국, 중국 월병, 우즈베키스탄 수말락, 베트남 반쯩(왼쪽 위에서부터 시계 방향)

CHAPTER
10
명절과 기념일

이 단원을 배우고 나면

- 한국의 대표적인 명절과 명절 음식의 의미를 설명할 수 있다.
- 한국의 대표적인 국경일과 기념일을 설명할 수 있다.

한국인은 명절에 무엇을 할까?

설날과 추석

한국의 대표적인 명절은 설날(음력 1월 1일)과 추석(음력 8월 15일)이다. 설날은 한 해를 시작하는 날로, 설날 아침에 부모님과 집안의 윗사람에게 문안 인사로 절을 한다. 이것을 세배라 부른다. 세배를 한 후에는 가래떡을 썰어서 끓인 떡국을 먹는다. 가래떡에는 건강하게 오래 살라는 의미가 들어 있다. 추석은 그해 농사에 감사하는 풍습*과 관계가 깊다. 추석에는 송편을 먹는데, 송편은 그해 농사에서 거둔 쌀로 만든 반달 모양의 떡이다. 그리고 추석날 밤에는 보름달을 보며 소원을 비는 달맞이를 한다.

*풍습: 옛날부터 대부분의 사람들이 같이해 온 습관

세배 후에 세뱃돈을 받는 모습

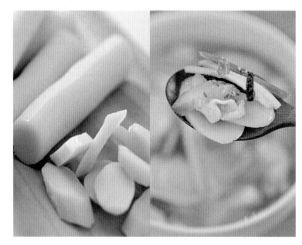
가래떡과 떡국

추석날 달맞이하는 모습

솔잎 위에 놓인 송편

명절에 하는 놀이

설날에는 윷놀이를 많이 한다. 윷놀이는 윷가락 네 개를 던져서 하는 놀이로, 윷말 네 개가 윷판을 먼저 다 돌고 나오면 이긴다. 설날에 모인 가족과 친척들이 편을 나눠서 하기도 한다. 지금은 명절에 하던 전통 놀이가 많이 사라졌지만, 윷놀이는 아직도 많은 사람이 즐기고 있다. 과거에는 추석에 씨름을 많이 했다.

설날에 윷놀이하는 모습

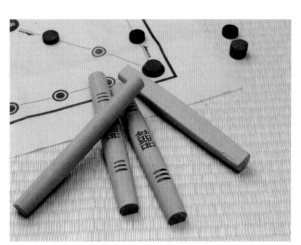

윷가락, 윷말, 윷판

 알아두면 좋아요 복날이면 많이 먹는 음식, 삼계탕

(출처: 연합뉴스)

복날은 명절이 아니지만, 복날에 많이 먹는 음식만큼은 명절 음식 못지않게 인기가 높다. 과거에 한국 사람들은 음력 6월과 7월 사이에 가장 더운 세 번의 날을 복날이라고 했는데 각각 초복, 중복, 말복이라고 불렀다. 열흘 간격으로 있는 이 세 번의 복날을 '삼복'이라고 하며, 이 시기의 더위를 '삼복 더위'라고 한다. 복날이 되면 많은 한국인이 더위를 이기고 건강을 지키기 위해 닭과 인삼으로 끓인(만든) 삼계탕을 먹는다.

한국의 국경일과 기념일에는 무엇이 있을까?

국경일

한국에서는 역사적으로 중요한 날을 '국경일'로 정하고 다양한 기념행사를 한다. 대표적인 국경일에는 삼일절, 광복절, 한글날 등이 있는데 이날은 대문이나 창문에 태극기를 단다. 삼일절은 1919년 3월 1일 일본에 맞서 일어난 독립 만세 운동인 3·1 운동을 기념하는 날이고, 광복절은 1945년 8월 15일 일본으로부터 나라를 되찾은 것을 기념하는 날이다. 10월 9일인 한글날은 세종대왕이 한글을 만든 것을 기념하는 날이다.

1919년 3월 1일 '독립 만세'를 외치는 모습

3·1 운동을 기념한 오늘날의 거리 행진

'빛을 되찾다'라는 뜻의 광복은 독립을 의미

광복의 기쁨을 기념하며 종을 치는 행사

서울 광화문 광장의 세종대왕 동상

한글날 기념행사 중 하나인 '한글 손글씨 대회' (출처: 연합뉴스)

5월은 가족 관련 기념일이 많아서 '가정의 달'이라고 부른다. 대표적으로 어린이날과 어버이날이 있다. 어린이날은 5월 5일로 어린이가 건강하고 행복하게 자라기를 바라는 마음으로 만든 기념일이다. 어버이날은 5월 8일로 부모님께 고마움을 전하는 날이다. 이날 자녀들은 부모님께 카네이션을 선물하면서 감사의 마음을 표현한다.

어린이날 기념행사에서 뛰어노는 아이들

카네이션을 선물받은 부모님

 알아두면 좋아요 선생님, 감사합니다!

한국에서 5월 15일은 스승의 날이다. '스승'은 자신을 가르치고 이끌어 주는 사람이다. 한국에서는 세종대왕을 민족의 큰 스승이라고 생각해서 세종대왕이 태어난 5월 15일을 '스승의 날'로 정했다. 이날 학생들은 카네이션이나 편지, 카드 등을 선생님께 드리면서 감사의 마음을 전한다.

내용 정리하기

01　관련 있는 내용을 서로 연결해 보세요.

● 　　　　　● 삼일절

● 　　　　　● 어버이날

● 　　　　　● 한글날

02　맞으면 O표, 틀리면 X표를 해 보세요.

추석에는 떡국을 먹고 달맞이 행사를 한다.		윷놀이는 설날의 대표적인 놀이로 많은 사람이 즐긴다.	
가래떡에는 건강하게 오래 살라는 의미가 들어 있다.		어린이날은 아이들이 부모님께 선물하는 날이다.	
삼일절, 광복절 등에 태극기를 대문이나 창문 등에 단다.		설날 아침에는 부모님과 집안의 윗사람에게 세배를 한다.	

03　빈칸에 알맞은 말을 써 보세요.

> • (　　　　　)은 나라를 되찾은 것을 기념하는 날이다.
> • 추석에 먹는 (　　　　　)은 그해 농사에서 거둔 쌀로 만든 반달 모양의 떡이다.

함께 이야기 나누기 이제는 편의점이나 쇼핑몰에서도 명절 음식을 살 수 있어요

간편하게 포장된 마트와 편의점의 명절 음식 (출처: 피코크, 아워홈, 이마트24, 세븐일레븐)

백화점 명절 한상 차림 선물 세트 (출처: 롯데백화점)

온라인 쇼핑몰 명절 음식 (출처: SSG닷컴)

• 최근 한국에서는 명절 음식을 직접 만드는 대신 사서 먹는 사람이 늘고 있습니다. 왜 이러한 변화가 나타났을까요? 여기에 대해 어떻게 생각합니까?

• 자신의 고향 나라에서는 명절에 어떤 음식을 먹습니까? 누가 어떻게 준비합니까?

다음은 한국의 화폐입니다.

한국의 화폐에는 무엇이 그려져 있습니까?

CHAPTER
11
한국의 역사적 인물

이 단원을 배우고 나면

• 화폐 속 한국의 역사 인물을 설명할 수 있다.
• 여러 어려움 속에서도 자신의 삶을 살아간 여성의 활동상을 설명할 수 있다.

1 한국의 전통과 역사

화폐 속 역사 인물

한글을 만든 세종대왕

대부분의 나라에서 그 나라를 대표하는 역사적 인물을 화폐에 넣는다. 한국의 만 원 지폐에 그려진 세종대왕은 조선의 네 번째 왕으로, 한국인이 가장 존경하는 인물 중 한 명이다. 세종대왕은 사람들이 글을 쉽게 배워 쓸 수 있도록 한글을 만들었다. 그리고 비가 얼마나 내렸는지 재는 측우기, 별의 움직임을 관찰하는 혼천의, 그림자로 시간을 알려 주는 해시계 등을 기술자들과 함께 만들었다. 또한 새로운 농사책과 의학책을 펴내어 사람들의 생활에 도움을 주려고 노력했다.

(출처: 연합뉴스)

(출처: 천재교육)

『훈민정음』에는 한글을 만든 이유와 원리 등이 자세하게 쓰여 있다.

만 원 지폐 뒷면의 혼천의

측우기

해시계

나라를 구한 이순신

이순신은 조선 시대 임진왜란* 때 일본으로부터 나라를 구한 장군이다. 이순신은 거북선을 이끌고 바다에서 일본 수군과 싸워 크게 승리했다. 특히 13척의 배로 300척이 넘는 일본 수군의 공격을 물리치기도 했다. 조선을 침략하여 육지에 머물던 일본군은 조선의 바다를 지켜 낸 이순신 때문에 일본으로부터 식량을 지원받을 수가 없었고, 결국 일본군은 조선에서 물러났다.

*임진왜란: 1592~1598년까지 7년 동안 일본이 조선을 침략하여 일어난 전쟁

100원 동전 속 이순신

거북선

임진왜란을 기록한 이순신의 『난중일기』 (출처: 연합뉴스)

 알아두면 좋아요 대한국인(大韓國人) 안중근

기념주화는 역사적 사실이나 나라의 큰 행사를 기념하기 위해 만든 특별한 화폐로 일상생활에서는 사용되지 않는다. 광복 50주년 기념주화에는 독립운동가 안중근이 실려 있다. 안중근은 일본에 저항하는 비밀 단체를 만든 후, 왼손 네 번째 손가락 한 마디를 잘랐다. 그리고 그 피로 '대한독립'을 쓰면서 독립운동에 온몸을 던질 것을 다짐했다. 이후 한국을 침략한 일본군을 물리치기 위해 군대를 조직해서 싸우는 등 독립을 위해 앞장섰다.

거리 이름 속 여성 인물

조선의 천재 시인, 허난설헌

강원도 강릉에는 '난설헌로'라는 길이 있다. 조선 시대의 시인 허난설헌의 이름에서 따온 것이다. 허난설헌은 여덟 살에 뛰어난 글을 써서 사람들을 놀라게 했고, 이후 많은 시를 썼다. 그러나 당시 여성이라는 신분, 행복하지 못한 결혼 생활 등으로 고통받다가 스물일곱 살에 세상을 떠났다. 허난실헌이 죽은 뒤 동생 허균은 누나가 쓴 글을 모아 시집으로 펴냈다. 허난설헌의 시집은 중국과 일본에서 큰 인기를 끌었고, 많은 사람이 그녀를 뛰어난 천재 시인으로 인정했다.

허난설헌 영정

중국의 황제까지 반했다고 알려진 허난설헌의 시집

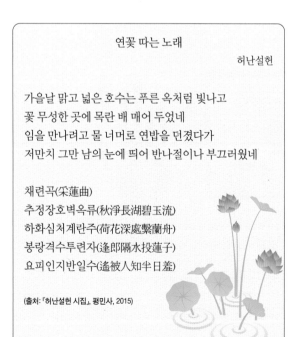

연꽃 따는 노래

허난설헌

가을날 맑고 넓은 호수는 푸른 옥처럼 빛나고
꽃 무성한 곳에 목란 배 매어 두었네
임을 만나려고 물 너머로 연밥을 던졌다가
저만치 그만 남의 눈에 띄어 반나절이나 부끄러웠네

채련곡(采蓮曲)
추정장호벽옥류(秋淨長湖碧玉流)
하화심처계란주(荷花深處繫蘭舟)
봉랑격수투련자(逢郞隔水投蓮子)
요피인지반일수(遙被人知半日羞)

(출처: 『허난설헌 시집』, 평민사, 2015)

「양간비금도」 그림 제목은 '날아가는 새를 쳐다본다'라는 뜻이다. 할아버지와 손녀의 다정한 모습이 그림에 담겨 있다.

왕위에 오른 최초의 여성, 선덕여왕

경상북도 경주에는 수많은 유적지가 있는데, 유적지를 연결하는 길 중에 '선덕여왕길'이 있다. 선덕여왕은 신라의 왕이자 한국 최초의 여왕이다. 신라가 고구려, 백제를 이기고 통일을 할 수 있는 기초를 마련했다. 또한 별자리의 움직임이나 하늘을 관찰할 수 있는 첨성대도 만들었다. 사람들은 첨성대를 통해 날씨를 미리 알 수 있었고 농사짓는 데 도움을 받았다.

선덕여왕길

첨성대는 동양에서 가장 오래된 천문대다.

 알아두면 좋아요   그 어머니에 그 아들! 안중근의 어머니 조마리아

(출처: 연합뉴스)

독립운동가 안중근이 일본으로부터 사형 선고를 받고 감옥에 있을 때, 어머니 조마리아는 당당하게 죽으라는 내용의 편지를 안중근에게 보냈다. 나라를 위해 옳은 일을 하고 받은 선고이니 일본에 목숨을 구걸하지 말고 죽으라고 했다. 조마리아도 아들과 마찬가지로 훌륭한 독립운동가였다. 조마리아는 경제적으로 어렵던 상해 임시 정부를 돕기 위해 힘썼고, 중국에서 독립운동을 하는 사람들을 돌보면서 독립운동가들의 어머니 역할을 했다.

*상해 임시 정부: 1919년 4월에 대한민국의 광복을 위해 임시로 조직한 정부

내용 정리하기

01 관련 있는 내용을 서로 연결해 보세요.

  •

• 이순신

  •

• 허난설헌

  •

• 선덕여왕

  •

• 세종대왕

02 맞으면 O표, 틀리면 X표를 해 보세요.

선덕여왕은 조선 시대의 유명한 시인이다.

이순신은 임진왜란 때 나라를 구한 유명한 장군이다.

측우기는 비가 얼마나 왔는지 재는 기구이다.

첨성대는 동양에서 가장 오래된 천문대이다.

03 빈칸에 알맞은 말을 써 보세요.

- (   )의 시집은 중국과 일본에서 큰 인기를 끌었다.
- 만 원 지폐에 있는 (   )은 한국인이 가장 존경하는 인물 중 한 명이다.

함께 이야기 나누기   누구를 알고 있나요?

피겨 스케이팅 선수 김연아

축구 선수 손흥민

영화감독 봉준호

K-POP 그룹 방탄소년단(BTS) (출처: 연합뉴스)

• 최근 스포츠, 영화, 음악 등에서 세계적인 인기를 끄는 한국인이 늘고 있습니다. 오늘날의 한국인 중에서 자신이 알고 있는 유명한 사람은 누구입니까?

• 자신의 고향 나라의 역사적 인물이나 오늘날의 인물을 소개해 보세요.

다음은 서울에 있는 조선의 5대 궁궐의 지도입니다.

5대 궁궐 중에 가 본 곳이 있습니까?

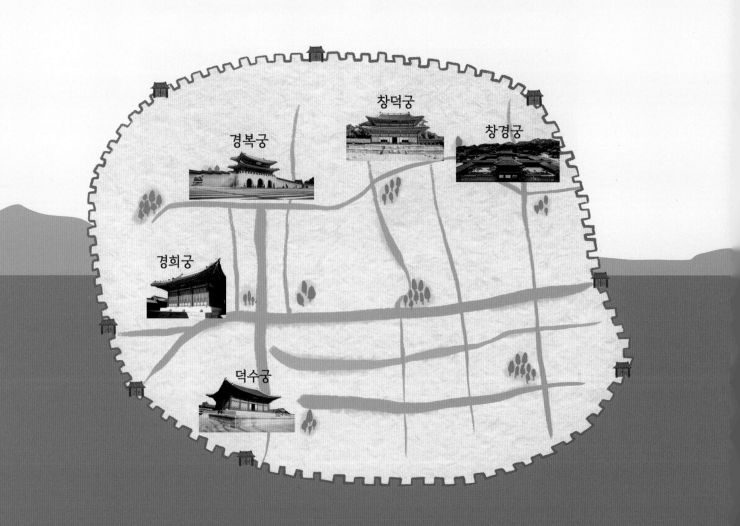

역사가 담긴 문화유산

이 단원을 배우고 나면

• 한국의 대표적인 궁궐을 설명할 수 있다.
• 그림을 통해 옛사람들의 생활 모습을 설명할 수 있다.

왕은 어디에서 살았을까?

1 한국의 전통과 역사

조선의 제일 궁궐, 경복궁

경복궁은 '큰 복을 누리는 궁궐'이라는 뜻이다. 궁궐의 정문인 광화문을 지나 안으로 들어가면, 왕과 신하가 나랏일을 하던 근정전이 보인다. 근정전을 바라보며 왼쪽으로 나가면 큰 잔치를 하거나 외국 손님들을 대접하던 경회루가 있다. 이외에도 경복궁에는 많은 건물이 있다. 궁궐에는 왕과 왕비를 돕는 궁녀와 내관뿐만 아니라 군인, 요리사, 의원 등 3,000여 명이 함께 살았다.

나랏일을 하던 근정전의 외부와 내부

경복궁의 정문인 광화문

큰 잔치를 하던 경회루

자연과 조화를 이룬 창덕궁

창덕궁은 조선 시대 왕들이 가장 오래 살았던 궁궐로, 1997년 유네스코 세계 문화유산으로 지정되었다. 궁궐의 정문인 돈화문과 왕이 나랏일을 하던 인정전 외에도 건물이 많다. 창덕궁은 과거의 모습이 잘 보존되어 있으며, 특히 자연과 조화를 이룬 후원은 아름다운 정원으로 유명하다.

왕은 후원에서 산책이나 잔치를 했다.

낙선재는 해방 이후 조선의 마지막 황실 가족들이 머물렀던 곳이다.

 알아두면 좋아요 밤에 즐기는 궁궐 산책

	야간 특별 관람	궁궐 문화 체험
기간	• 4~10월경	• 상반기 4~5월경 • 하반기 8~10월경
시간	• 저녁 7~10시경	• 저녁 8~10시경
프로그램	• 궁궐 자유 산책 • 한복 무료 입장	• 궁궐 문화 해설과 안내 • 다양한 궁궐 체험

• 정확한 일정과 프로그램은 궁궐마다 다르기 때문에 직접 각 궁궐 누리집에서 확인한다.
• 야간 특별 관람이나 궁궐 문화 체험 행사는 인기가 많아서 일찍 예매해야 한다. 미리 일정을 알아보고 준비하는 것이 좋다.

2 한국의 전통과 역사

그림 속 옛사람들의 삶

일상의 모습을 그린 풍속화

왕이나 궁궐의 모습이 아니라 일반 사람들의 생활 모습을 그린 그림을 풍속화라고 한다. 풍속화를 보면 옛사람들이 어떻게 살았는지 알 수 있다. 대표적인 풍속화가로 김홍도와 신윤복이 있다. 김홍도가 사람들의 생활과 놀이를 생생하고 재미있게 표현했다면, 신윤복은 여인이나 남녀의 모습을 화려한 색채로 섬세하게 그려 냈다.

김홍도는 사람들의 생활 모습과 놀이 등을 사실적으로 표현했다.

「서당」 지금의 학교와 같았던 조선 시대 서당의 모습

「무동」 소매를 펄럭이며 춤추는 모습

신윤복은 화려한 색을 사용해서 여인의 모습을 섬세하게 그려 냈다.

「미인도」 조선 시대 미인의 모습

「월하정인」 달빛 아래 연인의 모습

「단오풍정」 단오날 여인들의 모습

사람들의 소원을 담은 민화

민화는 대부분 그림을 제대로 배우지 않은 이름 없는 화가들이 그린 그림이다. 실용적인 목적의 그림이기 때문에 민화에는 평범한 사람들이 좋아할 만한 것이 담겨 있다. 주로 꽃과 새, 호랑이와 까치, 자연 경치, 글자, 책 등이 많은데, 여기에는 복을 누리고 오래 살기 바라는 마음이 들어 있다. 민화는 꾸밈이 없고 재미있으면서도 화려한 색채를 사용하여 나름의 멋이 있었다.

「까치호랑이」

「책거리」병풍 중 일부

「모란도」병풍 중 일부

 알아두면 좋아요 판소리, 삶을 이야기하고 노래하다

판소리 장면

조선 시대 후기에 한글을 아는 사람들이 많아지면서 한글 소설이 널리 퍼졌다. 한글 소설에는 그 당시 사람들의 소망과 사회에 대한 비판이 들어 있다. 대표적인 한글 소설에는 『홍길동전』, 『춘향전』, 『심청전』, 『흥부전』 등이 있다. 그중 『춘향전』, 『심청전』, 『흥부전』은 판소리로도 만들어져 큰 인기를 끌었다. 판소리는 그 당시 백성들의 말과 생각, 감정을 솔직하게 담고 있어서 많은 사람들의 사랑을 받았다.

내용 정리하기

01 관련 있는 내용을 서로 연결해 보세요.

경회루 ●　　　　　　　　　　　● 큰 잔치를 하거나 외국 손님을 대접하던 장소이다.

민화 ●　　　　　　　　　　　　● 조선 시대 왕들이 가장 오래 살았던 궁궐이다.

창덕궁 ●　　　　　　　　　　　● 이름 없는 화가들이 그린 그림이다.

02 맞으면 O표, 틀리면 X표를 해 보세요.

궁궐에는 왕과 왕비만 살고, 그들을 돕는 사람들은 궁궐 밖에서 살았다.

민화에는 복을 빌고 오래 살기를 바라는 마음이 들어 있다.

광화문은 창덕궁의 정문으로 이곳에서 손님을 맞이했다.

신윤복은 사람들의 놀이나 생활을 생생하고 재미있게 그렸다.

창덕궁 후원은 자연과 조화를 이룬 아름다운 정원이다.

김홍도는 대표적인 민화 화가이다.

03 빈칸에 알맞은 말을 써 보세요.

- (　　　　　)은 '큰 복을 누리는 궁궐'이라는 뜻이다.
- 왕이나 궁궐의 모습이 아니라 일반 사람들의 생활 모습을 그린 그림을 (　　　　　)라고 한다.

함께 이야기 나누기　변화하는 한국의 전통 옷, 한복

조선 시대의 다양한 한복

생활한복, 교복 등으로 현대화된 한복

- 한복은 시대에 따라 변해 왔고, 현대에는 생활한복과 교복 등으로 다양화되고 있습니다. 자신의 고향 나라의 전통 옷에 대해 이야기해 보세요.

대단원 내용 정리

■ 〈보기〉에서 알맞은 것을 골라 빈칸에 써 보세요.

● 보기 ●

5월 5일	공동체	첨성대	확대 가족	경복궁
김홍도	5월 8일	핵가족	이순신	세배

09

가족과 공동체

- 한국은 과거에는 결혼한 자녀가 부모와 함께 사는 (   )이/가 많았지만, 요즘은 자녀가 결혼한 이후에 부모와 떨어져 사는 (   )이/가 대부분이다.
- 한국인은 사회에서 함께 살아가는 사람들, 즉 (   )을/를 중요하게 생각한다.

10

명절과 기념일

- 한국의 대표적인 명절인 설날은 한 해를 시작하는 날로, 설날 아침에 부모님과 집안의 윗사람에게 (   )을/를 한다.
- 어린이날은 (   )(으)로 어린이가 건강하고 행복하게 자라기를 바라는 마음으로 만든 기념일이고, 어버이날은 (   )(으)로 부모님께 고마움을 전하는 날이다.

11

한국의 역사적 인물

- (   )은/는 조선 시대 임진왜란 때 나라를 구한 유명한 장군으로 거북선을 이끌고 바다에서 일본 수군과 싸워 크게 승리했다.
- 선덕여왕은 별자리의 움직임이나 하늘을 관찰할 수 있는 (   )을/를 만들었다.

12

역사가 담긴 문화유산

- (   )은/는 '큰 복을 누리는 궁궐'이라는 뜻으로, 이 궁궐의 정문은 광화문이다.
- 한국의 대표적인 풍속화가인 풍속화가인 (   )은/는 「서당」이나 「무동」 그림같이 사람들의 생활과 놀이 등을 생생하면서도 재미있게 표현했다.

스스로 해결하기 **공항버스 번호를 찾아라!**

안녕? 친구야! 어느덧 내가 우즈베키스탄을 떠나 한국에서 공부한 지 1년이 지났구나. 네가 이번에 한국에 올 수 있다고 해서 정말 기뻤어. 우리 집에 오려면 인천국제공항에서 공항버스를 타고 오면 돼. 버스 번호가 궁금하지? 다음에서 설명하고 있는 <u>한국의 국경일과 기념일이 적힌 숫자를 순서대로 적어</u> <u>보면 버스 번호를 알 수 있을 거야.</u> 한국에서 반갑게 만나자.

– 김아나스타시아 씀

첫 번째 번호	5월 5일 / 어린이들이 바르고 씩씩하게 자라기를 바라면서 만든 기념일
두 번째 번호	10월 9일 / 세종대왕이 한글을 만든 것을 기념하는 날
세 번째 번호	8월 15일 / 1945년 일본으로부터 나라를 되찾은 것을 기념하는 날
네 번째 번호	5월 8일 / 부모님께 고마움을 전하는 날

• 공항버스 번호를 빈칸에 써 보세요.

스스로 탐구하기   세계 여러 나라의 화폐에 담긴 인물을 알아볼까요?

 [한국] 50,000원
▶ 신사임당(1504~1551)

 [러시아] 500루블
▶ 표트르 1세(1672~1725)

 [미국] 1달러
▶ 조지 워싱턴(1732~1799)

 [중국] 100위안
▶ 마오쩌둥(1893~1976)

 [영국] 10파운드
▶ 제인 오스틴(1775~1817)

 [베트남] 100,000동
▶ 호치민(1890~1969)

• 자신의 고향 나라 화폐 속의 인물을 소개해 보세요.

스스로 평가하기

01

1. 〈보기〉에서 한국의 가족 모습에 대한 옳은 설명을 모두 고른 것은? (　　)

> ● 보기 ●
>
> ㄱ. 노인 인구와 1인 가구가 점차 줄어들고 있다.
>
> ㄴ. 개인의 행복뿐만 아니라 가족의 행복도 중요하게 생각한다.
>
> ㄷ. 과거에는 핵가족이 많았지만 요즘은 확대 가족이 대부분을 차지한다.
>
> ㄹ. 다문화 가족, 한부모 가족, 재혼 가족 등 가족의 모습이 다양해지고 있다.

① ㄱ, ㄴ　　　　② ㄱ, ㄷ　　　　③ ㄴ, ㄷ　　　　④ ㄴ, ㄹ

02 한국의 국경일과 기념일의 명칭 – 날짜를 바르게 표기한 것은? (　　)

① 어린이날 – 5월 5일 　　　　　　② 한글날 – 10월 3일

③ 어버이날 – 5월 15일 　　　　　④ 광복절 – 3월 1일

03 한국의 역사적 인물에 대한 설명으로 옳지 <u>않은</u> 것은? (　　)

① 세종대왕은 사람들이 글을 쉽게 배워 쓸 수 있도록 한글을 만들었다.

② 이순신은 임진왜란 때 나라를 구한 장군으로 500원 동전에 그려져 있다.

③ 허난설헌은 많은 시를 썼으며, 시집은 중국과 일본에서 큰 인기를 끌었다.

④ 선덕여왕은 한국 여성으로는 처음으로 왕위에 올랐으며, 첨성대를 만들었다.

04 다음 내용이 설명하는 그림으로 옳은 것은? (　　)

> 민화는 대부분 그림을 제대로 배우지 않은 이름 없는 화가들이 그린 그림이다. 주로 꽃과 새, 호랑이와 까치, 자연 경치, 글자, 책 등이 많은데, 여기에는 복을 누리고 오래 살기를 바라는 마음이 들어 있다.

① 　② 　③ 　④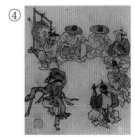

유네스코가 선정한 한국의 세계 유산 #유네스코 #한국의 세계 유산 #역사 여행

유네스코(UNESCO)에서는 오랜 시간 동안 잘 지켜져 왔고, 세계와 인류를 위해 보호해야 할 가치가 있는 문화재나 자연을 지정하여 보호, 관리한다. 이를 세계 유산이라고 한다. 한국에는 총 16점이 유네스코 세계 유산으로 등재되어 있다(2023년 기준).

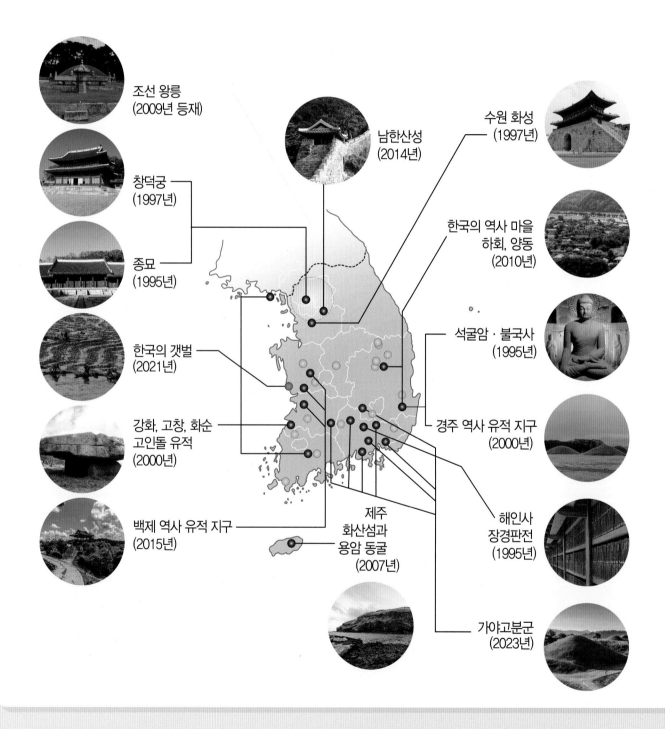

조선 왕릉
(2009년 등재)

창덕궁
(1997년)

종묘
(1995년)

한국의 갯벌
(2021년)

강화, 고창, 화순
고인돌 유적
(2000년)

백제 역사 유적 지구
(2015년)

남한산성
(2014년)

제주
화산섬과
용암 동굴
(2007년)

수원 화성
(1997년)

한국의 역사 마을
하회, 양동
(2010년)

석굴암 · 불국사
(1995년)

경주 역사 유적 지구
(2000년)

해인사
장경판전
(1995년)

가야고분군
(2023년)

● 한국의 산사 7곳 (2018년 등재)

충북 보은 법주사

충남 공주 마곡사

전남 해남 대흥사

경북 영주 부석사

경북 안동 봉정사

경남 양산 통도사

전남 순천 선암사

● 한국의 서원 9곳 (2019년 등재)

경북 영주 소수서원

경북 안동 도산서원

경북 안동 병산서원

경북 경주 옥산서원

대구 달성 도동서원

경남 함양 남계서원

전남 장성 필암서원

전북 정읍 무성서원

충남 논산 돈암서원

• 자신의 고향 나라의 유네스코 세계 유산에는 무엇이 있나요?

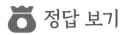

정답 보기

▪ 내용 정리하기 정답

영역	단원	내용 정리하기 정답		
한국 사회 이모저모	1. 한국 소개	**1)** 태극기 — 한국의 국기 / 애국가 — 한국의 국가 / 무궁화 — 한국의 국화 (연결선 문제)		
		2) 한국의 수도는 부산이다. (×) — 한국의 화폐 단위는 원(WON)이다. (○) / 한국의 정부 형태는 대통령제이다. (○) — 한국은 여름에 비가 많이 온다. (○)		
		3) • 한국의 총인구는 2028년 무렵부터 (감소)할 것으로 예상된다. • 한국의 생산 가능 인구는 앞으로 (감소)할 것으로 예상된다. • 한국의 합계 출산율은 세계 평균보다 (낮고), 기대 수명은 세계 평균보다 (높다).		
	2. 편리한 교통과 통신	**1)** KTX — 한국의 대표적인 고속 철도이다. / 지하철 — 수도권, 부산, 대구, 광주, 대전에서 운행되고 있다. / 광역버스 — 대도시와 주변 도시를 잇는 버스로 특히 출퇴근 시간에 많은 사람이 이용한다. / 마을버스 — 일반 버스가 다니지 않는 곳도 연결해 주는 버스이다. / 환승 — 대중교통 수단이나 노선을 바꾸어 타는 것으로, 교통 요금을 할인받을 수 있다. (연결선 문제)		
		2) 한국 국민의 인터넷 이용률은 50% 정도이다. (×) — 한국에서는 대부분 유선 방식으로 인터넷을 이용하고 있다. (×) / 한국에서 스마트폰으로 비대면 회의를 하는 것은 허용되지 않는다. (×) — 한국은 모바일 인터넷의 발달로 다양한 비대면 모임도 활발해지고 있다. (○)		
		3) • 한국의 대표적인 고속 철도는 (KTX)와 (SRT)이다. • 한국의 지하철역 승강장에는 사고 방지를 위해 (안전문)이 설치되어 있다. • 인터넷의 발달과 코로나19의 영향 등으로 최근에는 (비대면)으로 하는 모임이나 회의, 수업이 많아졌다.		
	3. 국민의 건강과 안전	**1)** 의원, 보건소 — 가벼운 증상이 있는 경우 찾아간다. / 한의원 — 침이나 뜸을 이용해 치료를 받는다. / 종합 병원 — 병이 지속되거나 정밀 검사가 필요할 때 방문한다. (연결선 문제)		

영역	단원	내용 정리하기 정답

영역	단원		내용 정리하기 정답	
한국 사회 이모저모	3. 국민의 건강과 안전	2)	한국에서는 재난이 예상되거나 발생했을 때 모든 국민에게 재난 정보를 제공하고 있다. (○)	한국에서는 '안전신문고' 누리집을 통해 안전 위험 요인을 신고할 수 있다. (○)
			한국에서는 외국인 관광객의 안전을 담당하는 관광 경찰을 운영하고 있다. (○)	한국에서는 지역 사회 범죄 예방을 위해 오직 경찰만 활동할 수 있다. (×)
		3)	• 병원 진료 후 약을 구입하기 위해서는 병원에서 받은 (처방전)을 제출해야 한다. • 한국에서는 모든 국민의 병원비와 약값에 대한 부담을 줄이고자 (국민건강보험) 제도를 운영하고 있다. • 범죄를 신고하는 전화번호는 (112)이다.	
	4. 모두가 행복한 삶	1)	유아 —— 방과 후 돌봄 교실 초등학생 —— 아동 수당 청년, 장년 —— 행복 주택 노인 —— 치매 치료 관리비	
		2)	한국은 생활이 어려운 사람에게 기본적인 생활을 보장하고 있다. (○)	한국은 갑작스러운 사고나 질병 등에 대비한 복지 정책을 실시하고 있다. (○)
			한국의 복지 정책은 노인에게 집중되어 있다. (×)	외국인의 경우 한국에서 복지 서비스를 받을 수 없다. (×)
		3)	• 살면서 질병, 사고, 사망 등 갑작스러운 일을 당하면 자신은 물론 가족들마저 삶이 어려워질 수 있다. 이를 대비하기 위해 정부는 (복지 정책)을 통해 국민의 건강과 소득을 보장하고 있다. • 외국인을 위한 전자정부(하이코리아)는 한국에서 생활하고 있는 외국인들이 각종 민원 신청과 정보 조회, 자동 출입국심사, 한국 생활에 필요한 유용한 정보를 이용할 수 있는 곳이다.	
한국의 문화와 교육	5. 한국의 대중문화	1)	(그림) —— K-POP (그림) —— K-패션 (그림) —— K-뷰티 (그림) —— K-웹툰	
		2)	한국의 대중음악은 트로트, 록, 발라드, 댄스, 힙합 등으로 다양하다. (○)	한국사람들은 스포츠 관람을 즐긴다. (○)
			한국에서는 주로 주말에만 영화관에서 영화를 볼 수 있다. (×)	2000년대 이후 다양한 나라 출신으로 이루어진 아이돌 그룹이 세계적인 인기를 끌고 있다. (○)
		3)	• 한국인들은 스포츠 관람을 즐긴다. 봄부터 가을까지는 프로 야구와 프로 축구 관람을 많이 하고, 가을과 겨울에는 (프로 농구)와 (프로 배구) 관람을 즐기는 사람들이 많다. • (한류)란 한국의 대중문화가 해외에서 유행하는 것을 말한다.	

영역	단원	내용 정리하기 정답
한국의 문화와 교육	6. 휴식이 있는 삶	**1)** 봄 — 해수욕 / 여름 — 단풍놀이 / 가을 — 꽃놀이 / 겨울 — 스키
		2) 한국인이 여가 시간에 가장 많이 하는 활동은 TV 시청이다. (○) / 한국인은 여가 시간이 충분하다고 생각한다. (×) / 한국인이 여가 활동을 하는 가장 큰 목적은 자신의 건강을 위해서다. (×) / 무더운 7월과 8월은 대다수 한국인의 여름휴가 기간으로 항공료나 숙박비가 싸다. (×)
		3) • 한국은 사계절이 있어 1년 내내 즐길 거리가 많다. (봄)에는 꽃놀이를 즐기고, (여름)에는 산과 바다로 휴가를 떠난다. (가을)에는 단풍놀이를, (겨울)에는 스키를 타거나 얼음 위에서 낚시를 즐긴다. • 지역별 대표 음식을 고속도로 (휴게소)에서도 맛볼 수 있다.
	7. 한국의 보육과 학교 교육	**1)** 어린이집 — 0세부터 초등학교 입학 전까지 이용한다. / 유치원 — 3세부터 초등학교 입학 전까지 이용한다. / 누리 과정 — 3~5세의 어린이를 위한 공통 교육 과정이다. / 평가 인증 — 보육의 질을 관리하기 위해 정부에서 실시한다.
		2) 한국에서 초등학교부터 고등학교까지는 의무교육 기간이다. (×) / 일반적으로 한국 학교의 여름방학은 겨울방학보다 길다. (×) / 한국에서는 국적이나 체류 조건과 관계없이 초등학교 입학이 가능하다. (○) / 한국에서는 초등학교를 졸업하면 시험을 치르고 원하는 중학교에 입학한다. (×)
		3) • 한국에서는 부모의 육아 부담을 줄여 주기 위해 여러 가지 (보육) 서비스를 제공하고 있다. • 한국의 초중고 학교 교육은 초등학교 (6)년, 중학교 (3)년, 고등학교 (3)년으로 구성되어 있다.
	8. 한국의 대학과 평생교육	**1)** 전문 대학 — 실용적이고 전문적인 기술을 주로 배운다. / 대학원 — 석박사 학위를 받을 수 있다. / 평생 교육 — 삶의 모든 기간에 걸쳐 이루어지는 교육이다.
		2) 한국의 대학은 모두 4년제이다. (×) / 한국의 대학 진학률은 해마다 증가하고 있다. (×) / 한국에서 실시되는 평생 교육의 주요 대상은 노인이다. (×) / 평생 교육은 가까운 지역 사회 기관을 통해 받을 수 있다. (○)
		3) • 한국의 대학은 (4)년제, 전문 대학은 (2 ~ 3)년제로 운영된다. • 삶의 모든 기간에 걸쳐 자신의 관심이나 필요에 따라 (평생 교육)을 받는 사람이 많다.

영역	단원	내용 정리하기 정답
한국의 전통과 역사	9. 가족과 공동체	**1)** 사진 — 1인 가구, 확대 가족, 다문화 가족 연결하기
		2) 요즘에는 결혼을 꼭 해야 한다고 생각하는 사람이 늘어나면서 1인 가구가 줄어들고 있다. (×) · 한국인은 가족이 아니면 '언니', '이모', '삼촌'이라고 부르지 않는다. (×) · 다문화 가족, 한부모 가족, 재혼 가족 등 오늘날 가족의 모습이 다양해지고 있다. (○) · '우리'라는 말에는 자신과 이야기를 나누는 상대방이나 자신이 속한 집단을 가깝게 생각한다는 의미가 들어 있다. (○)
		3) • 요즘은 자녀가 결혼한 이후 부모와 떨어져 사는 (핵가족)이 대부분이다. • (공동체) 의식은 나라에 어려운 일이 생겼을 때 그것을 이겨 내는 과정에서 큰 힘을 보여 주기도 한다.
	10. 명절과 기념일	**1)** 사진 — 삼일절, 어버이날, 한글날 연결하기
		2) 추석에는 떡국을 먹고 달맞이 행사를 한다. (×) · 윷놀이는 설날의 대표적인 놀이로 많은 사람이 즐긴다. (○) · 가래떡에는 건강하게 오래 살라는 의미가 들어 있다. (○) · 어린이날은 아이들이 부모님께 선물하는 날이다. (×) · 삼일절, 광복절 등에 태극기를 대문이나 창문 등에 단다. (○) · 설날 아침에는 부모님과 집안의 윗사람에게 세배를 한다. (○)
		3) • (광복절)은 나라를 되찾은 것을 기념하는 날이다. • 추석에 먹는 (송편)은 그해 농사에서 거둔 쌀로 만든 반달 모양의 떡이다.

영역	단원	내용 정리하기 정답
한국의 전통과 역사	11. 한국의 역사적 인물	**1)** 이순신 허난설헌 선덕여왕 세종대왕
		2) 선덕여왕은 조선 시대의 유명한 시인이다. (×)　　이순신은 임진왜란 때 나라를 구한 유명한 장군이다. (○) 측우기는 비가 얼마나 왔는지 재는 기구이다. (○)　　첨성대는 동양에서 가장 오래된 천문대이다. (○)
		3) • (허난설헌)의 시집은 중국과 일본에서 큰 인기를 끌었다. • 만 원 지폐에 있는 (세종대왕)은 한국인이 가장 존경하는 인물 중 한 명이다.
	12. 역사가 담긴 문화유산	**1)** 경회루 ●―――――● 큰 잔치를 하거나 외국 손님을 대접하던 장소이다. 민화 ●　　　　● 조선 시대 왕들이 가장 오래 살았던 궁궐이다. 창덕궁 ●　　　　● 이름 없는 화가들이 그린 그림이다.
		2) 궁궐에는 왕과 왕비만 살고, 그들을 돕는 사람들은 궁궐 밖에서 살았다. (×)　　민화에는 복을 빌고 오래 살기를 바라는 마음이 들어 있다. (○) 광화문은 창덕궁의 정문으로 이곳에서 손님을 맞이했다. (×)　　신윤복은 사람들의 놀이나 생활을 생생하고 재미있게 그렸다. (×) 창덕궁 후원은 자연과 조화를 이룬 아름다운 정원이다. (○)　　김홍도는 대표적인 민화 화가이다. (×)
		3) • (경복궁)은 '큰 복을 누리는 궁궐'이라는 뜻이다. • 왕이나 궁궐의 모습이 아니라 일반 사람들의 생활 모습을 그린 그림을 (풍속화)라고 한다.

■ 함께 이야기 나누기 예시 정답

영역	단원	함께 이야기 나누기 예시 정답
한국 사회 이모저모	1. 한국 소개	**자신의 고향 나라를 소개해 보세요** • (예) 중국의 국기는 오성홍기입니다. 붉은색 바탕에 황색 별 5개가 있습니다. 큰 별은 공산당, 작은 별은 공산당을 구성하고 있는 노동자, 농민, 소자산계급, 민족자산 계급을 의미합니다. • (예) 중국의 인구는 14억 4천만 명 정도로 세계 1위입니다.

	2. 편리한 교통과 통신	**서울에서 부산으로 떠나는 당일 여행**
		• (예) 집 → (시내버스) 타고 (서울역)(으)로 → (KTX) 타고 (부산역)(으)로
		• (예) 목적지 경주 불국사 : 집 → (지하철)타고 (서울 고속버스 터미널)(으)로
		  → (고속버스)타고 (경주 고속버스 터미널)(으)로
		  → (시내버스)타고 (경주 불국사)(으)로

	3. 국민의 건강과 안전	**CCTV, 범죄 예방? 사생활 노출?** • (예) CCTV 찬성 이유: CCTV는 범죄를 예방하고, 범인을 검거하는 데에도 중요한 단서가 됩니다. CCTV 반대 이유: 곳곳에 CCTV가 너무 많아 사생활이 노출될 위험이 큽니다. 누군가 나를 계속 보고 있는 느낌이 들어 불편할 때가 많습니다.
	4. 모두가 행복한 삶	**어려움을 겪고 있는 사람을 도와주세요!** • (예) 제 친구는 같은 나라 남자와 결혼해서 아이가 두 명 있습니다. 아이들이 이제 말을 배우기 시작했는데, 한국어를 제대로 들을 수 있는 기회가 없어 걱정이 많습니다. 어린이집을 알아보고 있지만 부부 모두 한국어가 서툴러 정보를 얻지 못하고 있습니다. 제 친구를 도와줄 수 있는 방법은 무엇인가요?
한국의 문화와 교육	5. 한국의 대중문화	**한국의 영화와 드라마** • (예) '스카이캐슬'이라는 드라마를 보았습니다. 한국의 교육열을 느낄 수 있었습니다. • (예) ★★★★★ • (예) 친구가 재미있다고 소개해 주었습니다. • (예) 오직 1등을 위해 살았던 가족 모두가 결국 불행해지는 장면입니다. • (예) 한국의 문화를 잘 반영하고, 배우들의 연기력이 매우 훌륭합니다.

	6. 휴식이 있는 삶	**여러분은 여가 시간에 무엇을 합니까?**
		• (예) 나 – 스마트폰 인터넷 검색, 친구랑 전화 통화, SNS, 청소
		• (예) 1위 전주 – 한복을 입고 한옥 마을을 구경한 뒤, 전통 한옥에서 하룻밤 지내고 싶습니다.
		  2위 제주 – 제주도의 봄이 매우 아름답다고 들은 적이 있어 가 보고 싶습니다.
		  3위 평창 – 2018 동계 올림픽이 열렸던 곳이라 가 보고 싶습니다.

	7. 한국의 보육과 학교 교육	**한국의 입시 풍경** • (예) 듣기 평가 시간에 비행기가 이착륙을 못한다는 것이 신기합니다. • (예) 중국에는 '가오카오'라는 시험이 있습니다. 호적에 등록된 주소지에 가서 시험에 응시해야 하는 특징이 있습니다. 시험을 잘 보라고 '쭝쯔'를 선물하는 데 합격을 뜻하는 중(中)과 발음이 같기 때문입니다.
	8. 한국의 대학과 평생 교육	**여러분이 한국에서 더 배우고 싶은 것은 무엇입니까?** • (예) 배우고 싶은 것: 자격증 인증 과정을 통해 한식 자격증을 취득하고 싶습니다. 그 이유: 고려인의 음식과 조화를 이루는 새로운 한식을 개발하여 식당을 운영하고 싶습니다.
한국의 전통과 역사	9. 가족과 공동체	**결혼은 선택일까, 필수일까?** • (예) 한국인은 결혼을 해야 한다는 생각이 계속 줄어들고 있으며, 부모가 자녀와 함께 사는 경우도 점점 줄어들고 있습니다. • (예) 저희 고향 나라에서도 부모가 자녀와 함께 사는 경우가 점점 줄어들고 있지만, 부모님의 생활비는 자녀가 제공하고 있습니다.

영역	단원	함께 이야기 나누기 예시 정답
한국의 전통과 역사	10. 명절과 기념일	이제는 편의점이나 쇼핑몰에서도 명절 음식을 살 수 있어요
		•(예) 요즘은 대부분 직장 생활로 바쁘기 때문에 명절 음식을 사서 먹는 경우가 늘어나고 있습니다. 명절 음식을 직접 만드는 것도 좋겠지만, 만들기 힘들 때는 사서 먹는 것도 나쁘지 않다고 생각합니다.
		•(예) 저희 고향 나라에서는 설날인 나브루즈에 수말락을 먹습니다. 수말락은 거의 하루 동안 저어야 해서 친척이나 동네 사람들이 모여서 함께 만듭니다.
	11. 한국의 역사적 인물	누구를 알고 있나요?
		•(예) 저는 축구 선수 손흥민을 알고 있습니다.
		•(예) 저희 고향 나라에서 유명한 역사적 인물은 진시황입니다. 진시황은 중국을 처음으로 통일하고 만리장성을 쌓았습니다.
	12. 역사가 담긴 문화유산	변화하는 한국의 전통 옷, 한복
		•(예) 저희 고향 나라의 전통 옷은 아오자이입니다. '긴 옷'이라는 뜻으로 명절과 결혼식에 입을 뿐만 아니라 교복과 유니폼 등으로도 입습니다.

■ 대단원 정리 정답

영역	단원	대단원 정리 정답		
한국 사회 이모저모	대단원 내용 정리	한국 사회 이모저모 주요 내용 정리		
		1. 한국 소개	•태극기, 무궁화	•서울, 대통령제
		2. 편리한 교통과 통신	•고속철도	•모바일 페이
		3. 국민의 건강과 안전	•국민건강보험	•국민재난안전포털
		4. 모두가 행복한 삶	•건강과 소득	•하이코리아
	스스로 해결하기	비밀번호를 찾아라! 3476		
	스스로 탐구하기	광역 알뜰 교통 카드 •(예) 환승 제도를 도입하고 싶습니다. 대중교통이 발달한 도시에서는 매우 유용하게 활용될 수 있는 정책이라고 생각합니다.		
	스스로 평가하기	한국 사회 이모저모 형성 평가 정답		
		1. ③ 2. ② 3. ④ 4. ④		
		1. (정답 해설)	ㄱ. 한국의 국화는 무궁화이다. ㄹ. 국새와 나라 문장도 한국의 상징에 포함된다.	
		2. (정답 해설)	② 오토바이는 대중교통에 해당되지 않는다.	
		3. (정답 해설)	① 건강검진: 국민건강보험에 가입하여 생애 주기별 건강 검진을 받을 수 있다. ② 안전신문고: 안전 위험 요인을 신고할 수 있는 제도이다. ③ 자율 방범대: 지역 사회 범죄 예방을 위해 주민 스스로 조직한 단체이다.	
		4. (정답 해설)	ㄱ. 유아기 – 아동 수당 ㄷ. 장년기 – 행복 주택	
한국의 문화와 교육	대단원 내용 정리	한국의 문화와 교육 주요 내용 정리		
		5. 한국의 대중문화	•스포츠	•한류
		6. 휴식이 있는 삶	•TV 시청	•바다, 사계절
		7. 한국의 보육과 학교 교육	•어린이집	•6, 3
		8. 한국의 대학과 평생 교육	•자기 계발	•평생 교육
	스스로 해결하기	가로 세로 낱말 퍼즐 [가로] ㉮ 스마트 ㉯ 휴가 ㉰ 자유 학년제 ㉱ 평생 교육 [세로] ① 드라마 ② 휴게소 ③ 유치원 ④ 평가인증 ⑤ 대학		
	스스로 탐구하기	전국 방방곡곡, 볼거리! 먹거리! 즐길 거리! •(예) 방문하고 싶은 지역: 춘천 　　지역의 대표 음식: 닭갈비 　　하고 싶은 것: 소양강 스카이워크에 들렀다가 춘천 명동 닭갈비 골목에 가서 맛있는 닭갈비를 먹고 싶습니다.		
	스스로 평가하기	한국의 문화와 교육 형성 평가 정답		
		1. ① 2. ③ 3. ③ 4. ④		
		1. (정답 해설)	ㄷ. 한류란 동아시아 지역을 넘어 전 세계적으로 한국의 대중문화가 유행하는 현상을 말한다. ㄹ. 컴퓨터와 스마트폰이 보급되었지만 여전히 극장에서 영화를 보는 사람들이 많다.	
		2. (정답 해설)	③ 머드 축제와 해수욕은 여름에 즐길 수 있다.	
		3. (정답 해설)	① 어린이집: 태어나면서부터 초등학교 입학 전까지의 아이들을 돌보고 교육하는 곳이다. ② 유치원: 3세부터 초등학교 입학 전까지의 아이들을 돌보고 교육하는 곳이다. ④ 중학교: 초등학교를 졸업하고 진학한다.	

영역	단원	대단원 정리 정답		
한국의 문화와 교육	스스로 평가하기	4. (정답 해설)	① 대학: 한국의 최고 교육 기관이다. ② 대학원: 대학을 마치고 공부가 더 필요한 사람이 진학하여 석박사 학위를 취득할 수 있다. ③ 한국장학재단: 경제적 여건에 관계없이 고등 교육의 기회를 가질 수 있도록 지원하는 기관으로 생활이 어려운 대학생들에게 장학금을 지원하고 교육비를 빌려주는 일 등을 한다. 대학생과 다문화 가정 학생을 연결하여 학생의 학교 적응과 기초 학습을 지원하는 대학생 멘토링 제도를 운영하고 있다.	

한국의 전통과 역사	대단원 내용 정리	한국의 전통과 역사 주요 내용 정리		
		11. 가족과 공동체	•확대 가족, 핵가족	•공동체
		12. 명절과 기념일	•세배	•5월 5일, 5월 8일
		13. 한국의 역사적 인물	•이순신	•첨성대
		14. 역사가 담긴 문화유산	•경복궁	•김홍도

	스스로 해결하기	공항버스 번호를 찾아라!		
		7914		

	스스로 탐구하기	세계 여러 나라의 화폐에 담긴 인물을 알아볼까요?		
		•(예) 필리핀 화폐 20페소: 마누엘 루이스 케손(Manuel Luis Quezon y Molina)(1878-1944) - 필리핀의 정치인이자 독립운동가이며, 1935년 새롭게 수립된 필리핀 자치령의 초대 대통령을 지냈다.		

	스스로 평가하기	한국의 전통과 역사 형성 평가 정답		
		1. ④ 2. ① 3. ② 4. ②		
		1. (정답 해설)	ㄱ. 최근에는 결혼을 꼭 해야 한다는 생각을 가진 사람이 줄어들고 노인 인구가 증가하면서 1인 가구가 늘어나고 있다. ㄷ. 과거에는 결혼한 자녀가 부모와 함께 사는 확대 가족이 많았지만 요즘은 자녀가 결혼한 이후에 부모와 떨어져 사는 핵가족이 대부분이다.	
		2. (정답 해설)	② 한글날 – 10월 9일 ③ 어버이날 – 5월 8일 ④ 광복절 – 8월 15일	
		3. (정답 해설)	② 이순신은 임진왜란 때 나라를 구한 장군으로 100원 동전에 그려져 있다.	
		4. (정답 해설)	① 풍속화: 김홍도의 「서당」 ③ 풍속화: 신윤복의 「단오풍정」 ④ 풍속화: 김홍도의 「무동」	

🔖 찾아보기

| 연구진 | 설규주 (경인교육대학교 사회과교육과 교수) |
| | 이미혜 (이화여자대학교 교육대학원 교수) |

집필진	백수미 (중앙대학교 사회통합프로그램 강사)
	최수진 (한국다문화교육연구원 사회통합프로그램 강사)
	박원진 (초당초등학교 교사)
	정상하 (경기도안성교육지원청 장학사)

사회통합프로그램[KIIP]

한국사회 이해 기초 1

법무부 사회통합프로그램 지정 교재

초판 발행   2021년 1월 11일
중판 발행   2024년 8월 20일

기획·개발   법무부 출입국·외국인정책본부

펴낸이   노 현
펴낸곳   (주) 피와이메이트
          서울특별시 금천구 가산디지털2로 53 한라시그마밸리 210호(가산동)
          등록 2014.2.12. 제2015-000165호
전화   02)733-6771
팩스   02)736-4818
홈페이지   www.pybook.co.kr
e-mail   pys@pybook.co.kr

값   8,000원

ISBN   979-11-86140-40-6
          979-11-86140-39-0(세트)
© 2021 법무부 출입국·외국인정책본부